AVERTISSEMENT (DISCLAIMER)
Cet ouvrage reflète les opinions, recherches, analyses, interprétations et convictions personnelles de l'auteur. Bien qu'il aborde des événements historiques, des réflexions spirituelles, des perspectives de leadership et des thèmes liés à l'identité nationale, il ne constitue ni un manifeste politique, ni une analyse juridique, ni un décret théologique.

L'auteur a pris toutes les précautions raisonnables pour assurer l'exactitude et l'intégrité du contenu. Toutefois, l'interprétation et l'application des idées présentées relèvent exclusivement de la responsabilité du lecteur.

CATALOGAGE ET PUBLICATION
ISBN : 9798994506028
Numéro de contrôle de la Bibliothèque du Congrès (LCCN) : 2026907369

Imprimé aux États-Unis d'Amérique
Première édition

Publié par : ABKD Global Learning and Innovations Center
info@gliccenter.org
Conception de la couverture : Milica Stanković
Édition : James Abbate
Mise en page et édition : Robert Denochamp

À Haïti —
La terre qui a forgé mon courage, façonné ma voix et m'a appris le sens de la résilience.
À chaque enfant haïtien qui croit encore au lendemain.
Et à l'équipe nationale de 2025 —
Votre victoire a réveillé une nation endormie.

NOTE DE L'AUTEUR

« Ce livre adopte un ton narratif, symbolique, émotionnel et prophétique.
Dans cette perspective, Haïti y est présentée au féminin, en tant que nation, patrie et âme d'un peuple. »

TABLE DES MATIÈRES

Avant-propos

À chaque génération surgit à un moment qui oblige une nation à affronter ses blessures et à redécouvrir sa destinée. L'équipe nationale haïtienne de football de 2025 a offert un tel moment. Contre toute attente, sans État fonctionnel, sans ressources et sans sécurité, elle a relevé l'esprit d'un peuple par une victoire qui fut bien plus qu'une qualification — une résurrection.

Dans cette œuvre profondément émouvante et inoubliable, *Le triomphe qui a réveillé une nation*, Robert Denochamp fait bien plus que raconter un exploit historique : il donne voix aux émotions, à la fierté et à la force silencieuse qui l'ont porté. À travers ce parcours transformateur, il invite le lecteur à aller au-delà de l'histoire de souffrance, de misère, d'humiliation et de rejet trop souvent associée à Haïti, pour découvrir plutôt la résilience, le potentiel et le leadership qui définissent son identité, tout en lançant un appel conscient à tous — Haïtiens authentiques et amis sincères d'Haïti — à chausser les lunettes du bon sens et à répondre à cet appel à un nouveau leadership et à une vision longtemps inscrite dans l'histoire du pays : L'Union fait la force — reconstruire Haïti.

Émerge alors une nation dont l'essence ne réside pas dans la tragédie, mais dans le courage, la créativité et l'espérance inébranlable de son peuple. L'équipe de 2025 a incarné cette vérité : par une unité disciplinée, un objectif commun et un leadership audacieux, elle a démontré ce que des personnes ordinaires peuvent accomplir lorsqu'elles choisissent de se tenir ensemble et d'avancer comme un seul homme.

La voix de Robert est honnête, prophétique et animée d'un amour pour Haïti qui ne peut être feint. Ses réflexions nous ramènent à la raison, à la vision, à la responsabilité et au devoir civique — ces valeurs mêmes qui ont conduit aux victoires de nos ancêtres et doivent guider notre avenir. Ce livre n'est pas seulement opportun — il est nécessaire.

Remerciements

J'exprime ma plus profonde gratitude au peuple haïtien, dont le courage, la résilience et l'esprit indomptable ont inspiré chaque mot de cet ouvrage. À l'équipe nationale de 2025, vous nous avez rappelé que l'espérance peut naître même dans l'adversité et que l'unité se forge par la discipline, le sacrifice et la poursuite d'un objectif commun.

À la diaspora haïtienne, qui continue de porter Haïti dans son cœur à travers les océans et les générations, j'adresse ma reconnaissance pour votre fierté inébranlable, votre engagement constant et votre amour fidèle pour notre patrie.

J'adresse mes remerciements particuliers aux membres de ma famille, de près comme de loin, qui continuent de rêver d'une Haïti engagée sur la voie du développement. À ma fille, Abigail K. Denochamp, pour son amour, sa patience et sa force tranquille tout au long de ce parcours.

Je remercie également toutes les personnes qui ont partagé leurs perspectives et contribué, de près ou de loin, à la réalisation de ce projet.

À tous les leaders religieux, ainsi qu'à celles et ceux qui prient et œuvrent au développement d'Haïti, j'exprime ma profonde reconnaissance.

À mes amis qui portent Haïti dans leur cœur, j'adresse également mes sincères remerciements, en particulier à Bito David, collègue, nationaliste et mentor, dont l'engagement intellectuel et patriotique a inspiré nombre d'entre nous à réfléchir plus profondément à l'avenir d'Haïti et à le considérer avec un regard responsable et éclairé.

Par-dessus tout, je rends grâce à Dieu pour la sagesse, la protection et la force qui ont rendu possible l'achèvement de cette œuvre.

Prologue

Le réveil d'une nation

L'histoire d'Haïti n'est pas uniquement marquée par la douleur, la détresse et des expériences terribles nées de la trahison, de fausses amitiés et d'enfants devenus antipatriotes ; elle est aussi façonnée par le courage, la force et la survie. Pendant des générations, la nation a enduré l'humiliation, le rejet et l'incompréhension à l'échelle mondiale. Trop souvent, elle n'a été décrite que comme le pays le plus pauvre de l'hémisphère occidental — davantage associée aux catastrophes qu'à la dignité. Pourtant, sous les cendres de l'épreuve se cache une histoire sans pareille, faite de bravoure, de défis et de triomphes miraculeux.

C'est Haïti, autrefois connue sous le nom de Perle des Antilles, admirée pour sa richesse, sa culture et son engagement farouche en faveur de la liberté. Cette identité n'a pas disparu ; elle a été enfouie sous des années de luttes, attendant le moment de sa renaissance.

La vérité est que la fierté d'une nation ne disparaît pas simplement parce qu'elle a été blessée. La grandeur d'Haïti n'est pas morte ; ses racines demeurent reliées à la source qui nourrissait autrefois ses branches et ses feuilles, même si elles sont aujourd'hui ensevelies sous les décombres des bouleversements politiques et de la souffrance économique. Ce qui est enfoui peut renaître, et ce qui est caché sous la terre peut encore porter la vie. Les racines d'Haïti sont profondes, nourries par le sang des révolutionnaires, fortifiées par le courage de nos ancêtres et portées par l'espérance de chaque génération. Même lorsqu'un arbre s'effondre, ses racines se souviennent encore du ciel. Et les racines d'Haïti n'ont jamais oublié qui elles sont.

Souvenons-nous des paroles célèbres de Toussaint Louverture, prononcées en 1803 : « En me renversant, on n'a abattu que le tronc de l'arbre de la liberté des Noirs à Saint-

Domingue ; il repoussera par les racines, car elles sont profondes et nombreuses. »

Cet esprit d'endurance a toujours vécu dans la musique haïtienne, la prière et les rêves du peuple. Comme le chantait Ansy Dérose avec une tendresse prophétique : « Que tous vivent dans la joie, que tous vivent dans l'espérance. Chaque personne a une âme ; chaque personne a un cœur. Et si nous choisissons de semer ne serait-ce que deux graines d'espérance, lorsque la pluie tombera, elles pousseront. Lorsque le soleil se lèvera, nous récolterons. »

Ces paroles expriment le battement de cœur d'une nation qui refuse de s'abandonner. Elles portent la conviction qu'après la pluie et l'obscurité vient nécessairement une saison de moisson.

La qualification de l'équipe nationale haïtienne de football pour la Coupe du monde 2026 est bien plus qu'un exploit sportif. Ce fut un réveil spirituel. Ce soir-là, la joie s'est élevée au-dessus du désespoir, et une seule voix a résonné à travers le pays — des rues animées aux montagnes silencieuses, jusqu'aux communautés de la diaspora à travers le monde. Ce moment a rappelé aux Haïtiens quelque chose de sacré : notre identité est plus forte que nos blessures, et notre destinée dépasse nos circonstances.

Cet accomplissement historique doit ouvrir une nouvelle page de l'histoire d'Haïti, car il fait écho aux paroles du prophète Ésaïe : « Voici, je vais faire une chose nouvelle, sur le point d'arriver : ne la connaissez-vous pas ? »
— Ésaïe 43:19, version Louis Segond

Pour beaucoup, cette victoire a été semblable à la première lumière perçue après des années de ténèbres.

Sous le regard du monde entier, Haïti s'est tenue devant une page blanche, une plume neuve à la main, prête à écrire une histoire capable de transformer les années à venir. Oui, une autre histoire attend d'être écrite — une histoire façonnée par l'unité, la dignité et une confiance renouvelée en ce que nous sommes.

Ce livre s'inscrit dans ce moment que Haïti attendait depuis longtemps — un moment de renaissance et de renouveau. Il explore comment une victoire peut réveiller une nation, comment le sport peut renforcer l'identité civique et comment une nouvelle génération peut raviver la fierté de nos ancêtres.

Ce qui suit dépasse le récit du football ; c'est l'histoire d'un relèvement suscité par un appel divin, une qualification qui fait écho aux paroles du psalmiste : « De la poussière il retire le pauvre, du fumier il relève l'indigent, pour les faire asseoir avec les grands, avec les grands de son peuple. »

Cet exploit témoigne que Dieu est élevé au-dessus de toutes les nations, et ce moment glorieux nous invite à redécouvrir notre devise — « L'union fait la force » — non pas comme un slogan lointain, mais comme une vérité vivante pour un peuple déterminé à se tenir debout ensemble.

Introduction

Un appel à se relever

« Faute de vision, le peuple périt. »
— Proverbes 29 :18 (Louis Segond)

Haïti est une nation façonnée par des miracles et marquée par des tempêtes. Son histoire a été gravée dans le feu, le courage, la résistance et une foi inébranlable en la liberté. Pourtant, depuis des décennies, le présent du pays est assombri par la crise, la division et le désespoir. Trop de titres de presse n'ont parlé que de tragédies, et trop d'enfants ont grandi en entendant que la grandeur d'Haïti n'appartenait qu'au passé.

Mais en 2025, quelque chose s'est produit que personne n'attendait — un événement qui a forcé le monde à regarder à nouveau. Une équipe de jeunes hommes, dispersés sur les continents et privés du soutien d'un État en déliquescence, s'est qualifiée pour la plus grande scène du sport mondial. Leur victoire n'était pas seulement sportive ; elle était symbolique, spirituelle et nationale. Elle rappelait qu'Haïti possédait encore la force, le talent et une destinée.

Ce livre raconte cette histoire — non seulement celle du football, mais aussi celle du leadership, de l'unité et de la possibilité d'un renouveau de l'identité nationale. À travers le parcours de l'équipe nationale de 2025, nous découvrons la puissance de la discipline, de la fraternité et d'une vision partagée. Nous entrevoyons ce que Haïti pourrait devenir si ses dirigeants faisaient preuve du même courage que les joueurs en ont fait sur le terrain.

Que ce livre soit plus qu'une réflexion.

Qu'il soit un appel

À se relever, à reconstruire et à redéfinir ce que Haïti peut devenir.

Première partie

L'Éveil

RÉFLEXION

En un instant inattendu, une nation se souvient d'être ce qu'elle est.

Chapitre 1

Une victoire inattendue : la nuit où Haïti s'est arrêtée

La nuit de la victoire historique d'Haïti en 2025, quelque chose d'extraordinaire se produisit — quelque chose de si profond qu'on eut l'impression que la nation expirait enfin après avoir retenu son souffle pendant des décennies. Au moment précis où le coup de sifflet final retentit, Haïti explosa en une vague d'émotions qui balaya les montagnes, les villes, les villages et les communautés de la diaspora, dispersées à travers le monde.

Port-au-Prince s'illumina comme elle ne l'avait pas illuminée depuis des années. Des rues habituellement désertes à la tombée de la nuit, en raison de l'insécurité, se mirent soudain à vibrer de vie et de couleurs. Les gens sortirent de leurs maisons, agitant des drapeaux d'une main tremblante, criant, riant et pleurant à la fois. Les feux d'artifice déchirèrent le ciel nocturne. Des enfants couraient pieds nus, leurs voix s'élevant dans une joie brute et sincère. Même les personnes âgées — celles qui avaient vu Haïti traverser ses nuits les plus sombres — sortirent comme appelées par le battement de cœur d'une nation qui se réveillait.

Des médias internationaux ont rapporté des célébrations dans plusieurs villes d'Haïti (Coto & Sanon, 2025 ; Mérancourt, 2025). La scène avait quelque chose de presque miraculeux. Des quartiers autrefois divisés par la peur se retrouvèrent unis par les mêmes chants. Des motocyclettes zigzaguaient à travers la foule, tandis que des hommes et des femmes dansaient dans les rues, leurs visages éclairés par les phares et par l'espérance. Des inconnus s'embrassaient comme des membres d'une même famille séparés depuis longtemps. Certains grimpaient sur des voitures, brandissant haut le drapeau haïtien, comme s'ils tentaient de soulever la nation elle-même.

Au Cap-Haïtien, des personnes se sont rassemblées près de la côte, chantant et battant des tambours pour célébrer. À Jérémie et aux Cayes, des jeunes improvisaient des rythmes sur des seaux et des boîtes de conserve, transformant leur joie en musique. Aux Gonaïves, berceau de l'indépendance haïtienne, des familles se rassemblaient pour célébrer, dans l'unité et le recueillement, rappelant qu'Haïti est toujours capable de faire des choses extraordinaires.

La diaspora vécut ce moment avec une intensité tout aussi forte. À Little Haiti, à Miami, la circulation s'arrêta tandis que les klaxons retentissaient et que des Haïtiens de tous âges dansaient entre les voitures en agitant des drapeaux. À Brooklyn, des foules envahirent Flatbush Avenue en scandant « Ayiti ! Ayiti ! », tandis que des conducteurs ralentissaient simplement pour se joindre à la célébration. À Montréal, des restaurants haïtiens débordaient de monde ; les clients chantaient l'hymne national, les larmes coulant sur leurs visages. À Paris, des drapeaux haïtiens flottaient fièrement dans la nuit près de la tour Eiffel. À Santiago du Chili — où vivent des milliers de migrants haïtiens récents — des communautés entières envahirent les places publiques avec la joie de ceux qui avaient porté leur nation sur leurs épaules.

Même des Haïtiens qui se sentaient rarement liés à leur terre natale ressentirent son appel. Des jeunes de deuxième et de troisième génération, dont beaucoup n'avaient jamais mis les pieds en Haïti, s'enveloppèrent du drapeau comme s'ils découvraient un héritage oublié. Haïti était partout cette nuit-là. Haïti vivait partout où se trouvaient des Haïtiens.

Ce qui rendit cette nuit si transcendante fut en partie le contraste entre la célébration et la réalité — et la profonde symbolique de la date elle-même. La qualification d'Haïti eut lieu le 18 novembre, jour anniversaire de l'une des batailles les plus décisives de son indépendance en 1803 : la bataille de Vertières. Tout Haïtien qui connaît ne serait-ce qu'un fragment de l'histoire nationale perçoit immédiatement le poids sacré de cette date. C'est le jour où Jean-Jacques Dessalines et ses soldats intrépides brisèrent la puissance de l'armée de Napoléon. C'est le jour où Haïti déclara au monde qu'aucun empire, aucune armée et aucune chaîne ne pourraient jamais l'asservir. C'est aussi le jour où le légendaire Capois-La-Mort s'élança sous un feu nourri, son cheval abattu sous lui, son chapeau arraché par un boulet de canon français, et se releva pour brandir son sabre en criant : « An avan ! An avan ! (Laboulet) boulèt yo se pousyè ! — *« En avant ! En avant ! Les boulets ne sont que de la poussière ! »*

Beaucoup d'Haïtiens étaient épuisés, émotionnellement et spirituellement vidés. Pendant des années, le monde n'avait parlé d'Haïti qu'avec le vocabulaire de la catastrophe et du désespoir. Mais cette victoire brisa ce récit — ne serait-ce que pour une nuit. La joie n'effaça pas les difficultés, mais les transperça. Elle fendit l'obscurité juste assez pour laisser la lumière s'engouffrer. Cette lumière rappela à la nation une vérité essentielle : Haïti était encore capable de grandeur, encore capable d'unité, encore capable de moments qui élèvent l'âme.

Ces paroles ont traversé les siècles comme témoignage du courage, de la résilience et de l'esprit indomptable haïtien. Voir un triomphe moderne d'Haïti tomber à cette même date n'était pas une simple coïncidence ; c'était un alignement divin, un murmure des ancêtres rappelant à la nation qui elle est. Cette victoire relia le passé et le présent, cousant l'héroïsme de 1803 à l'espérance de 2025. C'était comme si le même esprit qui avait porté Haïti à travers les flammes de l'indépendance s'était réveillé à nouveau dans le cœur des joueurs et des citoyens.

Ce lien fut d'autant plus puissant que Haïti, en 2025, était une nation profondément meurtrie — frappée par la violence des gangs, l'instabilité politique, les crises humanitaires, les déplacements forcés et l'effondrement économique. Chaque jour, le fardeau semblait écrasant, comme un fardeau que personne ne pouvait déposer. Beaucoup vivaient avec la peur comme compagne constante et le désespoir comme une ombre silencieuse. Des rues autrefois animées portaient désormais la tension. Les maisons semblaient fragiles et les rêves différés. Pourtant, cette nuit-là, quelque chose perça les ténèbres. L'espace d'un instant, la souffrance d'Haïti et sa force se retrouvèrent face à face — et la force l'emporta. La nation se souvint que son identité n'avait jamais été définie par ses blessures, mais par sa capacité à s'élever au-dessus d'elles.

Les gens célébrèrent non pas parce que leurs problèmes avaient disparu, mais parce que leur identité s'était réveillée. La victoire possède un pouvoir étrange et magnifique : elle restaure ce que la souffrance tente de voler. Elle redonne la permission d'espérer. Et l'espérance, une fois ravivée, est contagieuse.

En cette nuit du 18 novembre 2025, l'espérance se propagea plus vite que la peur. Elle traversa les foules, la musique, les prières criées, les larmes de joie. Elle toucha le cœur de ceux qui avaient presque cessé de croire qu'Haïti pouvait briller de nouveau. Elle rappela aux jeunes que leur nation est plus que de simples gros titres. Elle rappela aux anciens que leurs sacrifices n'avaient pas été vains. Elle rappela à tous — en Haïti comme à l'étranger — que la fierté haïtienne est une flamme qu'on ne peut éteindre.

Pour beaucoup d'Haïtiens plus âgés, cette nuit évoquait un retour en 1974, année où Haïti s'était qualifiée pour la Coupe du monde pour la première fois. Cette année-là avait laissé une empreinte indélébile dans l'âme nationale. Ceux qui l'avaient vécue s'en souvenaient comme si c'était hier. Ils se rappelaient la musique, les danses, l'unité et la fierté de voir Haïti sur la scène mondiale. Pendant cinquante ans, la nation avait attendu un autre moment semblable. Une génération entière avait grandi en entendant parler de 1974 sans jamais avoir vécu quoi que ce soit de comparable. La victoire de 2025 devint leur moment — leur premier goût de la joie nationale collective. Elle reliait les générations. Grands-parents et petits-enfants célébrèrent ensemble, séparés par des décennies mais unis par un même triomphe. On avait l'impression que le temps s'était replié sur lui-même, rendant à Haïti ce qu'elle avait perdu.

Plus que tout, cette victoire devint un symbole — symbole de renaissance, de possibilité et de dignité retrouvée. En temps de crise, Haïti se révéla non pas une nation vaincue, mais résiliente. Non pas comme une nation brisée, mais comme une nation capable de se relever. Le monde voit souvent Haïti à travers ses blessures, mais ce moment révéla sa force. Il rappelle au peuple haïtien qu'il est descendant de guerriers, de penseurs, d'artistes, de bâtisseurs et de rêveurs — un peuple dont l'héritage n'est pas défini par la tragédie, mais par le triomphe. Il rappela que son histoire n'était pas terminée et que le prochain chapitre pouvait être écrit avec fierté plutôt qu'avec douleur.

En cette nuit-là, Haïti s'est souvenue d'elle-même.

En cette nuit-là, Haïti s'est sentie vivante.

En cette nuit, la nation s'est figée — puis s'est engagée dans un nouveau chapitre de son histoire.

RÉFLEXION

L'histoire ne disparaît pas ; elle accompagne chaque génération.
Mais ce n'est pas son poids qui définit un peuple, mais ce qu'il choisit d'en faire.

Chapitre 2

Le poids de l'histoire

L'histoire pèse sur chaque nation, mais Haïti porte un poids sans égal — un poids forgé dans le feu, la liberté, le sang et une résilience indestructible. Le passé de cette nation n'est pas une simple succession d'événements ; c'est un héritage encore vivant dans l'âme de son peuple. Se souvenir de l'histoire d'Haïti, c'est affronter à la fois sa gloire et ses blessures, car chaque triomphe et chaque tragédie ont façonné le caractère du pays tel qu'il est aujourd'hui.

De ce passé lourd et incontestable émerge pourtant quelque chose de plus grand encore — un héritage à la fois majestueux et exigeant, une mémoire qui inspire la fierté tout en appelant à la responsabilité et au devoir de mémoire.

Un héritage majestueux et lourd de responsabilités

L'histoire d'Haïti demeure l'une des plus singulières et bouleversantes de l'humanité. Née d'un soulèvement d'esclaves sans équivalent dans le monde moderne, la nation inscrivit son nom dans l'histoire en devenant, en 1804, la première république noire indépendante. Cette victoire extraordinaire — conquise dans le sang et la souffrance — ébranla les empires, inspira les peuples opprimés à travers le monde et sema la crainte dans les nations esclavagistes.

Pourtant, ce triomphe fondateur fut suivi de sévères représailles. Isolement diplomatique, blocus économique, dettes d'indemnités imposées par l'ancienne puissance coloniale, sanctions déguisées et interventions étrangères répétées imposèrent un fardeau écrasant à la jeune nation. En 1825, la France contraignit Haïti à payer une indemnité en échange d'une reconnaissance diplomatique — une obligation qui épuisa les ressources nationales pendant plus d'un siècle et entrava gravement le développement économique. La victoire d'Haïti pour la liberté s'est ainsi accompagnée d'un coût historique immense — dont les conséquences continuent de façonner son développement aujourd'hui.

Cependant, cet héritage ne fut pas transmis uniquement sous la forme d'épreuves. Il a forgé au sein du peuple haïtien une identité indestructible : celle d'une nation qui ne plie pas, se relève même après la dévastation et préserve sa dignité au cœur de l'adversité. Cette identité s'est renforcée au fil des générations à travers l'expression culturelle — proverbes, chants, traditions religieuses et solidarité communautaire — faisant de la résilience non pas seulement une réaction aux difficultés, mais une caractéristique fondamentale de la nation.

La portée de la victoire de 2025 ne peut être pleinement comprise qu'à la lumière de cette longue trajectoire faite d'épreuves et de grandeur. Haïti n'est pas seulement une nation qui souffre ; c'est un pays qui survit, résiste, espère et, dans des moments inattendus, révèle au monde sa force intérieure. Comprendre Haïti contemporaine sans ce contexte historique reviendrait à ignorer la profondeur de l'endurance qui continue de façonner sa conscience nationale.

Cette persévérance rappelle les paroles de l'apôtre Paul dans *2 Corinthiens 4:8–9* :

« Nous sommes pressés de toute manière, mais non réduits à l'extrémité ; dans la détresse, mais non dans le désespoir ;

persécutés, mais non abandonnés ; abattus, mais non perdus. »

Mais avant que ce moment de renouveau n'émerge, Haïti traversa près de cinquante années marquées par l'incertitude, les luttes et une attente patiente.

Haïti après 1974 : cinquante ans d'attente

Lorsque l'équipe haïtienne se qualifia pour la Coupe du monde en 1974, le pays entier vibra d'une joie presque mystique. Cet événement unifia le peuple comme rarement auparavant. Il fut perçu comme un rayon de lumière surgissant au cœur d'une époque troublée. À une époque marquée par la répression politique sous le régime de Duvalier et par de profondes difficultés économiques, cette qualification offrit aux citoyens un rare moment de fierté collective et de libération émotionnelle. Pourtant, après cet instant de gloire, s'ouvrit un long désert sportif qui dura près d'un demi-siècle.

Deux générations entières sont nées, ont grandi et sont parvenues à l'âge adulte sans connaître le même niveau de fierté sur la scène internationale. Le souvenir de 1974 devint une légende familiale, un trésor narratif transmis de parents à enfants, mais sans échos contemporains capables d'entretenir la flamme. Les récits du but historique d'Emmanuel Sanon contre l'Italie et du courage de l'équipe sur la scène mondiale demeuraient des symboles de possibilité, rappelant aux Haïtiens que leur nation pouvait se tenir parmi les grands compétiteurs du monde.

Ce long silence pesa lourdement sur l'âme nationale. Il renforçait l'image d'un pays dont les victoires appartenaient désormais au passé, comme si Haïti ne pouvait plus produire des moments capables d'unir son peuple. Durant ces décennies, l'instabilité politique, le déclin économique, les catastrophes naturelles et les vagues de migration transformèrent le tissu social de la nation, réduisant encore davantage les occasions de célébrations nationales collectives. Ce vide de cinquante ans devint un espace de nostalgie et de frustration — mais aussi d'attente :

l'attente d'un signe, d'une renaissance, d'un symbole collectif capable de restaurer l'espoir au sein d'une population blessée.

Dans les foyers, aux coins des rues et au sein des communautés de la diaspora, une question demeurait en suspens : quand Haïti ressentirait-elle de nouveau cette unité ? C'est cette longue et douloureuse attente qui conféra à la victoire de 2025 une dimension presque prophétique. Ce triomphe ne mit pas seulement fin à une longue période de disette sportive ; il rétablit une expérience émotionnelle collective que des générations entières n'avaient jamais connue.

Le rôle du gouvernement en 1974 : un État présent, puissant et stratégique

Il est essentiel de rappeler que la qualification de 1974 s'inscrivit dans un contexte où l'État haïtien, bien qu'autoritaire, demeurait fonctionnel et structuré. Sous Jean-Claude Duvalier, le sport — et particulièrement le football — était utilisé comme instrument politique. L'objectif était clair : projeter l'image d'une nation organisée, disciplinée et capable de réussir sous la direction du régime.

Ainsi, le gouvernement investissait dans l'équipe nationale, assurait la logistique, facilitait les entraînements, organisait les déplacements et mobilisait les médias d'État pour exalter la fierté nationale. La Fédération haïtienne de football, étroitement liée au pouvoir, bénéficiait d'un soutien matériel et institutionnel qui offrait aux joueurs un cadre relativement stable, malgré les limites du pays. Des camps d'entraînement furent organisés avec une régularité inhabituelle, les déplacements internationaux furent efficacement coordonnés et la participation de l'équipe aux compétitions régionales fut priorisée dans l'intérêt du prestige national.

Bien sûr, cette implication n'était pas désintéressée. Le régime de Duvalier chercha à transformer chaque victoire en un instrument de propagande politique. La qualification fut brandie comme une preuve du leadership présidentiel et utilisée pour éclipser les réalités plus sombres du pays : la répression, les inégalités, la peur et l'absence de libertés fondamentales. Les médias contrôlés par l'État amplifièrent les exploits de l'équipe tout en encadrant soigneusement les récits destinés à renforcer la loyauté et l'unité nationale sous le régime.

Mais qu'il ait été exploité politiquement ou non, ce succès fut rendu possible par l'existence d'un État capable d'organiser, de financer et de structurer l'effort sportif national. Ce paradoxe révèle une vérité importante : même au sein de systèmes autoritaires, la capacité institutionnelle peut susciter des moments de cohésion nationale et de réussite collective. La qualification de 1974 apparaît ainsi non seulement comme un triomphe sportif, mais aussi comme un exemple de la manière dont l'organisation de l'État — lorsqu'elle est mobilisée efficacement — peut influencer le moral national et la perception internationale.

2025 : Un triomphe conquis sans l'État

Le contraste avec 2025 est saisissant — presque brutal. En 2025, Haïti traversait un effondrement institutionnel historique : un gouvernement dysfonctionnel, des gangs armés dominant des zones urbaines clés, une paralysie économique, des infrastructures détruites, des routes impraticables, des écoles fermées et la quasi-disparition des services publics essentiels. Des quartiers entiers fonctionnaient en dehors de l'autorité de l'État, et la vie quotidienne de nombreux citoyens était davantage dictée par des stratégies de survie que par un cadre civique. Les stades étaient abandonnés ou inaccessibles en raison de l'insécurité, ce qui rendait impossible d'organiser des matchs officiels sur le sol national. Les rassemblements publics comportaient des risques importants, et les grandes célébrations exigeaient de la prudence plutôt que de la planification. Les joueurs ne pouvaient même pas s'entraîner en Haïti.

La victoire de 2025 fut donc obtenue sans les structures de soutien traditionnellement associées au succès sportif national. Il n'existait ni centres d'entraînement centralisés, ni financement gouvernemental durable, ni infrastructures nationales fiables capables de préparer une équipe à la compétition internationale.

Les joueurs s'entraînaient à l'étranger. Ils comptaient sur des clubs étrangers, des réseaux de la diaspora, leur discipline personnelle et, surtout, leur propre détermination. Ils ont réussi en l'absence de stabilité et d'appui institutionnel. Cette réalité transforma la victoire en bien plus qu'un exploit sportif : elle devint un symbole d'endurance façonné par l'adversité.

Plutôt que d'émerger d'un système national coordonné, ce triomphe reflétait la résilience d'un peuple habitué à naviguer dans l'incertitude. Il illustrait comment l'identité nationale peut persister même lorsque les structures formelles vacillent, et comment la fierté collective peut survivre malgré la fragilité institutionnelle. En ce sens, la victoire résonna comme un acte de persévérance nationale — né non pas de la force de l'État, mais de la volonté, de la discipline et de l'espérance portées par les Haïtiens, au pays comme dans la diaspora.

Le football : un langage commun, un refuge et une source d'espérance

En Haïti, le football est plus qu'un sport ; c'est un refuge. Le football devient une école improvisée de discipline, un espace de liberté au cœur d'un quotidien difficile et un rêve accessible même aux plus pauvres. Dans un pays marqué par des divisions politiques, sociales et géographiques, le ballon demeure l'un des rares objets capables d'unir les cœurs. Les Haïtiens jouent dans des ruelles poussiéreuses, sur des terrains accidentés, sur les plages et dans des corridors urbains étroits où l'espace est limité, mais où l'imagination ne connaît aucune frontière. Des buts improvisés, faits de pierres, de sandales ou de morceaux de bois, témoignent de l'accessibilité du jeu et de son attrait durable.

Cette dimension unificatrice est profondément enracinée dans la conscience nationale. Lorsque les Haïtiens jouent, regardent ou célèbrent le football, ils redécouvrent un sentiment d'appartenance, une identité partagée et une dignité collective. Pour de nombreux jeunes, le sport représente l'un des rares chemins visibles vers la mobilité, la reconnaissance et des perspectives au-delà de leur environnement immédiat. Ce langage émotionnel partagé explique pourquoi la victoire de 2025 revêt une telle importance : elle raviva une flamme qui continuait de brûler dans le cœur du peuple, même durant les périodes d'incertitude.

Mémoire collective, traumatisme et résilience

L'histoire d'Haïti s'inscrit dans une succession de cycles marqués par le traumatisme : colonisation, esclavage, occupations étrangères, dictatures, catastrophes naturelles, crises politiques et affaiblissement institutionnel. Ces expériences ont façonné une mémoire collective dense, à la fois douloureuse et structurante. Elles témoignent des sacrifices consentis pour la dignité humaine et de la capacité d'un peuple à affronter l'adversité dans des conditions souvent précaires. Des plantations de Saint-Domingue aux conséquences du séisme de 2010, jusqu'aux défis contemporains liés à l'insécurité, chaque génération a hérité à la fois de blessures et de ressources.

Malgré cette trajectoire, une constante demeure : la résilience. Elle ne relève pas d'un concept abstrait, mais d'une pratique quotidienne — sur les marchés qui rouvrent après les crises, dans les familles qui reconstruisent après les catastrophes, et dans les solidarités communautaires qui compensent les défaillances institutionnelles. La victoire de 2025 a réactivé cette mémoire vivante, révélant la continuité d'un esprit historique qui traverse les époques et demeure ancré dans la conscience nationale.

Le génie haïtien : une richesse qui survit à toutes les épreuves

Malgré des contraintes persistantes, Haïti a constamment produit des formes d'excellence. Ses artistes, musiciens et écrivains ont contribué de manière significative à la scène culturelle internationale. Des figures comme Nemours Jean-Baptiste ou Boukman Eksperyans ont façonné des expressions musicales originales, tandis que des peintres tels que Philomé Obin, Préféte Duffaut et Rigaud Benoît ont contribué à la reconnaissance internationale de l'art haïtien. À travers la diaspora, des professionnels des domaines de l'éducation, de la médecine, de l'ingénierie, du droit et du leadership communautaire participent activement au développement de leurs sociétés d'accueil.

Cette capacité créative, souvent occultée par des récits centrés sur la crise, constitue une richesse fondamentale. La victoire de 2025 en a offert une démonstration tangible : lorsque le talent est soutenu par la discipline et inscrit dans un cadre structuré, il devient un vecteur d'excellence. L'histoire montre que la convergence entre le potentiel, l'organisation et l'objectif collectif produit des résultats capables de surmonter les contraintes et de renforcer la fierté nationale.

Pourquoi 2025 dépasse le sport

Pour de nombreuses nations, une victoire sportive reste un événement ponctuel. Dans le cas d'Haïti, la qualification de 2025 a revêtu une portée plus profonde, dans un contexte marqué par l'insécurité, les déplacements et l'incertitude. Elle a agi comme une respiration collective, redonnant un rythme à une nation éprouvée. Ce moment a révélé une réalité essentielle : malgré les épreuves, une force intérieure demeure intacte.

Dans les quartiers touchés par l'insécurité, dans les villes accueillant des populations déplacées et au sein de la diaspora, un même sentiment de dignité partagée a émergé. Ce n'était pas seulement une performance sportive, mais aussi une réaffirmation identitaire portée par la discipline, la persévérance et le talent.

Cette victoire a également contribué à reconfigurer le récit international associé à Haïti. Trop souvent réduit aux catastrophes et à l'instabilité, le pays a, en 2025, projeté une image fondée sur la compétence, la coordination et la détermination. Les représentations médiatiques ont temporairement déplacé l'attention de la crise vers la capacité, offrant à la jeunesse un modèle concret de réussite et à la diaspora une légitimité renouvelée dans l'affirmation de son identité.

Plus fondamentalement, cet événement a rappelé que l'identité haïtienne ne se définit pas par l'épreuve, mais par une capacité persistante à résister, à créer et à se projeter.

Une victoire qui rouvre la porte du destin

Le poids de l'histoire d'Haïti ne peut être effacé, mais il peut être reconfiguré — et la victoire de 2025 en constitue le point d'inflexion. Il ne s'agissait pas d'un simple succès sportif, mais d'une rupture symbolique avec une longue période marquée par le fatalisme. Pendant des décennies, une perception d'un abandon historique s'est installée dans la conscience collective. Ce triomphe a rouvert un horizon que beaucoup considéraient inaccessible. Il a suggéré que la renaissance nationale relève non pas de l'illusion, mais d'une possibilité concrète, conditionnée par l'effort, l'unité et la vision.

Cet événement a également permis une relecture de l'avenir. Plutôt que de se projeter à travers les héritages de domination, d'endettement, d'instabilité politique et de catastrophes, Haïti a entrevu une trajectoire alternative, structurée autour de la capacité et de l'excellence. La victoire a ainsi établi une continuité entre l'héritage révolutionnaire, les épreuves traversées et les potentialités encore ouvertes. Elle a réactivé une mémoire fondatrice : celle d'un peuple qui a su transformer l'impossible en réalité historique.

Dans cette perspective, la trajectoire nationale n'apparaît plus prédéterminée par la souffrance. Elle redevient un champ de possibilités. Ce moment a rappelé que la projection vers l'avenir relève d'un choix collectif, et non d'une fatalité. La redécouverte de l'identité s'accompagne ainsi d'une réaffirmation de la capacité d'agir.

Conclusion : Un destin retrouvé

L'histoire d'Haïti ne se réduit ni à une accumulation de crises ni à une succession de victoires ; elle constitue une trame complexe faite de souffrance, de créativité, de résistance et d'espérance persistante. De 1804 à l'intervalle post-1974, la nation a traversé des épreuves capables d'anéantir d'autres sociétés, allant des régimes autoritaires aux fragilités institutionnelles contemporaines. Pourtant, elle demeure. Cette continuité ne relève pas du hasard, mais d'un socle constitué de mémoire culturelle, de résilience et d'un attachement profond à la dignité.

La victoire de 2025 dépasse largement la dimension émotionnelle. Elle a réactivé une mémoire historique et établi un lien entre le présent et l'héritage des générations fondatrices. Elle a mis en évidence une réalité souvent occultée : la capacité du pays ne réside pas uniquement dans ses structures, mais aussi dans la force de sa population. À travers le territoire national comme dans la diaspora, une prise de conscience commune s'est affirmée : l'unité, la discipline et l'orientation collective constituent les bases les plus solides du renouveau.

Ce moment marque un seuil. Il ne garantit pas la transformation, mais en ouvre la possibilité. Le devenir d'Haïti dépend désormais d'une décision consciente : convertir la mémoire en action, l'élan en organisation et l'espérance en un projet durable.

RÉFLEXION

Pendant des années, la nation a attendu, portée par ceux qui ont refusé de la laisser mourir.

Chapitre 3

Une nation longtemps dans l'attente : les joueurs qui ont porté le rêve

L'équipe nationale haïtienne de 2025 dépassait le simple cadre sportif : elle incarnait la résilience, le sacrifice et une foi collective profondément enracinée. Dans un contexte où le pays ne pouvait plus accueillir de compétitions internationales en raison de l'insécurité croissante, de la fragilité politique et du blocage économique, ces joueurs ont assumé un rôle qui dépassait leur fonction sportive. Ils sont devenus une expression vivante de la continuité nationale — une voix, une force et un symbole.

Contraints de s'entraîner à l'étranger, souvent éloignés de leurs familles et de leurs repères, ils portaient une double réalité : la fierté d'appartenir à leur pays et le poids des épreuves qu'il traversait. Sur des terrains inconnus, dans des environnements parfois étrangers à leur culture, ils ont porté un drapeau chargé d'une signification bien plus profonde que ne l'indiquait son apparence matérielle. Leur engagement a constitué une réponse directe aux récits réducteurs qui tentaient de définir leur identité. Leur parcours a ainsi mis en lumière une réalité essentielle : Haïti ne se limite pas à ses difficultés, mais se caractérise par une capacité persistante à résister, à s'affirmer et à se projeter.

Au moment où le pays traversait une phase critique — marquée par la fermeture d'institutions éducatives, l'insécurité généralisée et la fragmentation sociale — l'équipe a proposé une alternative : une dynamique fondée sur l'espoir. Chaque action sur le terrain prenait une portée symbolique, transformant la performance sportive en une affirmation collective. Les matchs disputés à l'étranger devenaient, pour ceux qui suivaient à distance, des preuves tangibles d'existence, de dignité et de continuité.

Leur performance a rappelé que la grandeur ne résulte pas de conditions favorables, mais d'une conviction forgée sous pression. Ce chapitre examine ainsi l'identité, le sacrifice, le leadership et le sens de la mission incarnés par ce groupe, qui a transformé une période d'incertitude en un moment de reconnaissance collective. Par leur engagement, ces joueurs ont établi un lien entre la mémoire historique et la persévérance contemporaine, inscrivant leur parcours dans la continuité nationale.

La nouvelle alliance haïtienne : diaspora et talents locaux

Cette configuration collective revêtait une importance particulière dans un contexte où les infrastructures nationales ne permettaient plus d'organiser des activités sportives d'envergure. Les stades, autrefois lieux de rassemblement et d'expression populaire, étaient devenus silencieux ou inaccessibles, affectés par l'insécurité, l'instabilité politique et des années de dégradation. Les espaces qui avaient nourri des vocations se transformaient progressivement en zones d'incertitude.

Dans ces conditions, les joueurs ont dû se regrouper à l'étranger, évoluant dans des environnements qui ne leur étaient pas familiers, tout en maintenant un ancrage identitaire fort. Malgré l'éloignement géographique, ils ont incarné une forme d'appartenance qui transcende les frontières. Leur expérience a illustré une réalité fondamentale : l'identité haïtienne ne se limite pas au territoire, mais se prolonge dans la diaspora, les familles et les mémoires transmises de génération en génération.

L'émergence de cette configuration — combinant les talents locaux et ceux de la diaspora — a également porté un message stratégique. Elle a démontré que la coopération transnationale constitue un levier potentiel de transformation. À travers leur coordination, leur discipline et leur engagement commun, ces joueurs ont offert une projection concrète de ce que le pays pourrait devenir dans un cadre structuré et collaboratif.

Leur dynamique collective a ainsi mis en évidence que la distance ne constitue pas nécessairement une fracture, mais peut devenir un vecteur de connexion. En s'appuyant sur cette complémentarité, il devient possible de dépasser certaines contraintes internes et d'envisager de nouvelles formes d'organisation et de développement. L'expérience de cette équipe a confirmé que l'unité, lorsqu'elle est conçue intentionnellement, peut produire des résultats tangibles et servir de modèle à une échelle plus large.

Histoires personnelles de sacrifice

Derrière chaque maillot se trouvait une trajectoire marquée par l'adversité, l'endurance et le renoncement. De nombreux joueurs locaux ont grandi dans des environnements où l'insécurité rythmait le quotidien et où s'entraîner comportait un risque réel. Certains évoluaient sans équipement adéquat, d'autres sur des terrains improvisés, souvent dégradés ou inaccessibles. La discipline s'est construite dans la contrainte, et les expériences précoces ont forgé des qualités déterminantes : la résilience, la créativité et le courage. Ces dispositions, issues de contextes difficiles, ont constitué le socle de la performance collective.

Les joueurs issus de la diaspora ont, quant à eux, traversé une autre forme d'épreuve, liée à la distance, à la construction identitaire et au sentiment de déconnexion. L'expérience de la sélection nationale a constitué un moment de réappropriation. Pour certains, l'apprentissage du créole à l'âge adulte et l'intégration au sein d'un collectif culturellement enraciné ont constitué une étape décisive. Le chant de « La Dessalinienne » est devenu, pour beaucoup, un moment de reconnexion profonde, révélant une appartenance jusque-là partiellement vécue.

Ces parcours individuels s'inscrivent également dans des dynamiques familiales et sociales marquées par le sacrifice. Parents et proches ont assumé des charges importantes pour soutenir leurs trajectoires, tandis que les encadreurs ont joué un rôle structurant, assurant à la fois l'accompagnement et la protection. L'ensemble de ces contributions a permis de constituer un collectif façonné par l'effort et la persévérance.

Le 18 novembre 2025 ne symbolisait donc pas uniquement une victoire sportive, mais aussi l'aboutissement de trajectoires cumulées, où l'endurance a prévalu sur l'adversité et la cohésion sur la fragmentation.

Représenter Haïti avec honneur

Représenter Haïti en 2025 dépassait largement le cadre d'une simple performance sportive; il relevait d'une responsabilité symbolique de grande envergure. Les joueurs portaient une charge historique et morale, inscrite dans la continuité de figures fondatrices telles que Toussaint Louverture, Jean-Jacques Dessalines et Capois-La-Mort. Cet héritage, marqué par la détermination, la vision et le courage, constituait un référentiel implicite qui guidait leur engagement.

Le contexte national renforçait la portée de cette représentation. L'impossibilité d'organiser des rencontres sur le territoire, l'affaiblissement institutionnel et l'insécurité généralisée accentuaient le caractère exceptionnel de leur mission. Dans ces conditions, évoluer à l'étranger signifiait maintenir une présence symbolique sur la scène internationale. Le port du maillot et l'exécution de l'hymne national prenaient une dimension particulière, traduisant une responsabilité collective plutôt qu'une simple participation sportive.

La performance de l'équipe s'est progressivement inscrite dans une logique de réaffirmation. Face à des adversaires expérimentés et à des attentes limitées, les joueurs ont fait preuve d'une cohésion et d'une détermination constantes. Leur engagement ne relevait pas d'une dynamique circonstancielle, mais d'une continuité historique façonnée par des générations ayant traversé d'importantes épreuves. Chaque action sur le terrain contribuait ainsi à mettre en lumière une capacité souvent sous-estimée.

Dans cette dynamique, les gestes symboliques — regards levés, dédicaces implicites, attachement au drapeau — traduisaient une conscience collective de la portée de leur performance. À travers leur unité et leur discipline, ils ont contribué à restaurer la perception de leur dignité et à réactiver une fierté longtemps fragilisée.

L'équipe comme reflet de la nation

L'équipe nationale de 2025 constituait une représentation condensée du pays : à la fois brillante, résiliente, fragilisée et porteuse d'espérance. Ses défis reflétaient ceux du contexte national — ressources limitées, instabilité structurelle, désorganisation institutionnelle et pressions externes persistantes. À l'image de la société haïtienne, elle a dû évoluer dans l'incertitude, s'adapter à des contraintes constantes et maintenir sa cohésion malgré l'absence de conditions favorables. Son parcours illustre une capacité collective à persister face à des circonstances défavorables.

La comparaison entre les générations de 1974 et de 2025 met en évidence une transformation significative. En 1974, malgré des tensions politiques, le pays disposait d'institutions fonctionnelles, d'infrastructures opérationnelles et d'un environnement relativement stable, ce qui favorisait la préparation des joueurs. En revanche, en 2025, l'équipe a évolué dans un contexte marqué par l'effondrement institutionnel, l'insécurité généralisée et la désorganisation sociale. Cette différence de conditions confère à la performance récente une dimension particulière : elle ne relève pas seulement du résultat sportif, mais aussi d'une capacité à produire de l'excellence dans des situations de contrainte extrême.

Au-delà de la performance, cette trajectoire révèle une réalité plus profonde : la capacité collective demeure, même lorsque les structures vacillent. Grâce à la discipline, à la coordination et à l'engagement, ces joueurs ont mis en évidence un potentiel souvent occulté. Leur parcours a réintroduit une possibilité — celle de dépasser les contraintes grâce à l'organisation et à l'unité. Ainsi, l'équipe ne se limitait pas à représenter une réussite ponctuelle ; elle offrait une projection de ce que peut devenir une dynamique collective structurée.

Le football comme responsabilité

Pour les joueurs de 2025, le football dépassait la dimension récréative ; il s'inscrivait dans une logique de responsabilité. Conscients du contexte national, ils ont pris en compte le fait que leur engagement pouvait constituer une source de cohésion et de soutien symbolique. Lors de périodes marquées par l'incertitude, certaines performances acquièrent une portée qui dépasse leur cadre initial. Leur approche reposait sur des principes profondément ancrés dans la culture haïtienne : l'humilité, la persévérance, la discipline et la foi.

Chaque rencontre prenait ainsi une dimension représentative. L'engagement sur le terrain devenait une forme d'expression collective, observée et partagée à travers le territoire et la diaspora. Leur posture ne reposait pas sur des déclarations, mais sur l'exemple. Par leur comportement, ils ont incarné des valeurs essentielles au fonctionnement social : l'organisation, l'intégrité, la responsabilité et la vision.

Cette dynamique illustre une forme de leadership non institutionnel, fondée sur l'action plutôt que sur le discours. Sans recourir à des structures politiques formelles, ils ont démontré que la cohérence entre la préparation, l'effort et l'objectif peut produire des résultats significatifs. Leur réussite s'inscrit ainsi dans une logique de construction progressive, reposant sur la constance et la discipline.

Leur victoire ne relève pas du hasard, mais d'un processus. Malgré les revers, les incertitudes et les attentes limitées, ils ont maintenu leur engagement jusqu'à atteindre leur objectif. Ce parcours met en évidence une leçon transférable : la persévérance, lorsqu'elle est structurée, peut surmonter de fortes contraintes. Dans cette perspective, leur expérience offre un cadre de réflexion applicable à d'autres domaines du développement national.

Conclusion : Quand une équipe révèle la destinée d'une nation

L'équipe nationale haïtienne de 2025 a dépassé sa dimension sportive pour devenir un miroir révélateur de son potentiel collectif. Par l'unité, la discipline et une foi profondément ancrée, les joueurs ont mis en évidence ce qui demeure possible lorsque le courage surpasse la peur et que le sens du devoir prévaut sur le découragement. Leur réussite n'a pas annulé les souffrances du pays, mais elle a constitué une démonstration essentielle : l'excellence peut émerger même dans des contextes marqués par l'instabilité.

À travers leur parcours, une réalité longtemps obscurcie s'est réaffirmée : l'esprit collectif persiste. Ce qui semblait affaibli n'était pas éteint ; ce qui paraissait silencieux conservait une capacité d'expression latente. Cette performance a ainsi offert une projection — celle d'un avenir où le pays ne serait plus défini par ses contraintes, mais par sa capacité à se reconstruire, à restaurer la confiance et à réaffirmer sa dignité. En ce sens, cette équipe n'a pas seulement remporté une victoire ; elle a révélé une possibilité. Et cette possibilité appelle désormais à être traduite en une trajectoire.

Partie II
Unité, identité et foi

RÉFLEXION

1. *La véritable unité transcende les divisions, elle reconnaît les personnes avant les positions*

2. *La foi ne s'éteint pas ; elle persévère.*

Chapitre 4

L'unité au-delà de la politique et des classes sociales

Derrière chaque maillot se trouvait une trajectoire marquée par l'adversité, l'endurance et le renoncement. De nombreux joueurs locaux ont grandi dans des environnements où l'insécurité rythmait le quotidien et où s'entraîner comportait un risque réel. Certains évoluaient sans équipement adéquat, d'autres sur des terrains improvisés, souvent dégradés ou inaccessibles. La discipline s'est construite dans la contrainte, et les expériences précoces ont forgé des qualités déterminantes : la résilience, la créativité et le courage. Ces dispositions, issues de contextes difficiles, ont constitué le socle de la performance collective.

Les joueurs issus de la diaspora ont, quant à eux, traversé une autre forme d'épreuve, liée à la distance, à la construction identitaire et au sentiment de déconnexion. L'expérience de la sélection nationale a constitué un moment de réappropriation. Pour certains, l'apprentissage du créole à l'âge adulte et l'intégration au sein d'un collectif culturellement enraciné ont constitué une étape décisive. Le chant de « La Dessalinienne » est devenu, pour beaucoup, un moment de reconnexion profonde, révélant une appartenance jusque-là partiellement vécue.

Ces parcours individuels s'inscrivent également dans des dynamiques familiales et sociales marquées par le sacrifice. Parents et proches ont assumé des charges importantes pour soutenir leurs trajectoires, tandis que les encadreurs ont joué un rôle structurant, assurant à la fois l'accompagnement et la protection. L'ensemble de ces contributions a permis de constituer un collectif façonné par l'effort et la persévérance.

Le 18 novembre 2025 ne symbolisait donc pas uniquement une victoire sportive, mais aussi l'aboutissement de trajectoires cumulées, où l'endurance a prévalu sur l'adversité et la cohésion sur la fragmentation. Dans cette continuité, il devient essentiel d'examiner les principes qui ont structuré cette dynamique collective.

Philosophie d'entraînement et discipline

Le staff technique comprenait que le talent seul ne suffisait jamais. Ce dont Haïti avait besoin — sur le terrain comme en dehors — c'était de structure. Ils ont construit une philosophie ancrée dans le respect, exigeant que chaque joueur honore le maillot, l'équipe et la nation. Ce principe guidait la communication, les efforts et les relations. À ce fondement s'ajoutait la responsabilité, un principe trop souvent absent des institutions publiques haïtiennes. Chaque erreur devenait une occasion d'apprentissage ; chaque faiblesse, une opportunité de progression. Les joueurs étaient appelés à assumer leurs actes plutôt que de se réfugier dans des excuses. Les écarts étaient abordés avec franchise, corrigés avec rigueur et intégrés dans une dynamique d'amélioration continue.

Ils ont également cultivé l'humilité, rappelant que la grandeur se mesure au service — envers l'équipe, les supporters et la nation. La constance s'est imposée comme un pilier central : s'entraîner avec exigence, maintenir la discipline dans l'incertitude et respecter les standards en toutes circonstances. Enfin, l'intelligence tactique structurerait leurs performances. Les matchs n'étaient pas improvisés, mais préparés avec précision : analyses vidéo, organisation positionnelle et ajustements stratégiques.

À bien des égards, cette discipline reflétait les qualités attendues au sein des écoles, des institutions publiques et du leadership national. Elle démontrait que l'ordre n'est pas une contrainte, mais une condition du progrès ; que la discipline n'est pas une sanction, mais une méthode ; et que des systèmes fondés sur le respect et la responsabilité constituent les bases d'un renouveau durable. Leur exemple suggérait que la transformation commence lorsque la structure remplace le désordre et que la responsabilité supplante la négligence.

Construire la fraternité au cœur de la crise

Ce qui rendait l'équipe remarquable ne résidait pas seulement dans son talent, mais aussi dans sa capacité à instaurer une fraternité au cœur d'une crise nationale. Les joueurs provenaient d'horizons profondément différents — des quartiers précaires en Haïti, de la diaspora, d'académies européennes ou d'universités américaines. Ils parlaient plusieurs langues et avaient des parcours sociaux distincts. Pourtant, ils ont bâti une unité capable de transcender ces différences. Loin de leur terre natale, ils ont découvert qu'un objectif commun pouvait dépasser les distances, les langues et les réalités individuelles.

Cette cohésion ne relevait pas du hasard ; elle avait été intentionnellement construite. Le staff valorisait l'empathie, la communication et le respect mutuel. Les échanges d'équipe permettaient aux joueurs de partager leurs parcours et de révéler l'ampleur des sacrifices de chacun. De cette compréhension est née une loyauté profonde. Sur le terrain, ils se soutenaient ; dans l'adversité, ils se renforçaient. Leur diversité est devenue un levier stratégique — combinant créativité, discipline et expérience internationale.

Dans un contexte national marqué par l'instabilité, cette fraternité portait un message essentiel : l'unité est possible, même dans les conditions les plus difficiles. La diversité, lorsqu'elle est structurée et valorisée, devient une force. Et lorsque la collaboration remplace la rivalité, la transformation devient envisageable. Leur expérience a démontré que l'unité intentionnelle, soutenue par le respect des différences, constitue une force capable de surmonter les crises les plus profondes. Dans le prolongement de cette cohésion, il est pertinent d'examiner comment cette dynamique collective peut inspirer des comportements à l'échelle nationale.

Le travail d'équipe comme modèle de comportement national

L'équipe nationale est devenue un exemple vivant de la responsabilité collective. Sur le terrain, aucun joueur n'était au-dessus du groupe. Lorsqu'un défenseur commettait une erreur, un milieu de terrain intervenait pour la corriger. Lorsqu'un attaquant manquait une occasion, ses coéquipiers l'encourageaient plutôt que de le critiquer. Cette culture de soutien sous pression a renforcé leur résilience.

Le conflit existait, comme dans tout collectif, mais plutôt que de l'éviter ou de le laisser s'aggraver, les joueurs ont appris à le gérer par le dialogue, l'écoute et la recherche de solutions. Cette capacité à résoudre les tensions sans fragmentation reflète précisément ce dont Haïti a besoin dans sa vie civique.

L'équipe incarnait également une profonde loyauté — envers la mission, le maillot et le peuple. Tous avançaient dans la même direction, portés par un engagement partagé. Ce principe constitue un modèle puissant pour une nation souvent fragmentée par les intérêts individuels et les rivalités politiques. Si Haïti adoptait ces dynamiques collectives, elle pourrait transformer la gouvernance, l'éducation et la vie communautaire. L'expérience de l'équipe démontre qu'une action coordonnée, soutenue par la loyauté et le sens du devoir, peut produire des changements durables. Dans le prolongement de cette dynamique collective, un élément fondamental émerge : la force d'un objectif partagé.

La puissance d'un objectif commun

Ce qui distinguait véritablement l'équipe de 2025, c'était son profond sens de la mission. Les joueurs étaient convaincus qu'ils jouaient pour quelque chose de plus grand qu'eux-mêmes — au-delà des trophées, des contrats et des carrières. Ils se sentaient appelés à incarner la dignité d'un peuple qui avait traversé d'immenses épreuves. Chaque match devenait un acte de service envers la nation, et chaque but un symbole d'espoir. Lorsqu'ils entraient sur le terrain, ils portaient non seulement un drapeau, mais aussi les attentes, les prières et l'endurance silencieuse de millions de personnes qui les regardaient depuis leurs maisons, leurs rues et les communautés de la diaspora à travers le monde.

Cet objectif commun créa l'unité. Les joueurs mirent de côté leurs ambitions personnelles au profit de la fierté nationale. Les décisions des entraîneurs étaient acceptées sans ressentiment, car chacun comprenait la mission. Une telle convergence de buts est rare — dans le sport, la politique et la société. Mais lorsqu'elle se réalise, elle devient une force redoutable. Le sens du devoir donna à l'équipe une force émotionnelle, une résilience psychologique et un ancrage spirituel. Il leur permit de supporter la fatigue, les voyages éprouvants, les stades hostiles et les moments de doute avec sang-froid, car leur motivation dépassait la réussite personnelle et visait une dimension nationale.

Ce but partagé transforma aussi la manière dont ils se percevaient les uns les autres. Les différences de langue, d'origine et d'expérience de vie s'effacent devant un appel commun. Un défenseur élevé en Haïti, un milieu de terrain formé aux États-Unis et un attaquant entraîné en Europe n'étaient plus séparés ni par la géographie ni par les circonstances. Sur le terrain, ils devinrent des frères, unis par une mission commune et par les couleurs de leur nation. Dans cette unité, ils redécouvrirent une vérité profondément enracinée dans l'identité haïtienne : la force collective naît lorsque les individus renoncent à la gloire personnelle au profit d'un destin partagé.

Leur conviction commune d'un Haïti en pleine ascension montra au monde ce qui peut se produire lorsque des personnes s'unissent autour d'une vision partagée. Elle rappela au peuple haïtien que la transformation nationale ne commence ni par l'argent ni par les infrastructures, mais par le sens du devoir, la vision et l'unité des cœurs. Lorsque les citoyens, les dirigeants, les éducateurs et les jeunes orientent leurs efforts vers un avenir partagé, le renouveau cesse d'être un rêve abstrait et devient une réalité vécue.

Ainsi, la mission de l'équipe dépassa largement les limites du terrain. Elle éveilla l'imagination, restaura la dignité et rappela aux Haïtiens partout dans le monde qu'une nation progresse lorsque son peuple avance ensemble. Un objectif, une fois éveillé, devient contagieux — et en 2025, il commença à se répandre. Dans ce prolongement, les enseignements tirés de l'expérience collective prennent une portée plus large.

Les leçons du vestiaire

Au-delà des victoires et des célébrations, le vestiaire est devenu une véritable salle de formation. Les joueurs y ont appris la ponctualité, la préparation, la maîtrise de soi et l'importance d'écouter avant de parler. Ils ont appris à placer l'équipe avant eux-mêmes, à s'élever mutuellement et à maintenir la discipline même en l'absence de supervision.

Ces enseignements dépassent le cadre du sport. Appliqués aux écoles, ils favoriseraient des environnements plus structurés et plus respectueux. Transposés dans les quartiers, ils renforceront la sécurité et la cohésion. Adoptés par les dirigeants politiques, ils contribueraient à réduire la corruption et à restaurer la confiance. Intégrés au fonctionnement des entreprises, ils stimuleront la productivité et la responsabilité collective.

Dans cette perspective, l'équipe nationale a démontré que la grandeur n'est pas un mystère ; elle résulte de valeurs mises en pratique au quotidien. Si Haïti choisit d'embrasser ces leçons, cette victoire restera dans l'histoire non seulement comme un moment de joie, mais aussi comme le point de départ d'une transformation nationale.

Un changement de paradigme s'impose

Le leadership politique en Haïti exige un changement de paradigme profond et urgent — une transformation qui touche l'essence même de la gouvernance. Trop longtemps, la direction du pays s'est enfermée dans des logiques d'égocentrisme, de fragmentation et de discours sans traduction concrète. La reconstruction nationale appelle désormais à une orientation fondée sur le service, la responsabilité et l'efficacité. Il ne s'agit plus de proclamer l'héritage d'Haïti, mais de le traduire en stabilité, modernisation et renouveau civique. Ce basculement implique d'abandonner les dynamiques de division pour adopter une culture ancrée dans l'intégrité, la vision et l'engagement collectif.

Le triomphe de la sélection haïtienne en 2025 — marqué par la qualification pour la Coupe du monde 2026 — s'est imposé comme le symbole d'une rupture avec les anciens schémas de fragmentation. Cette victoire a démontré que l'unité n'est pas un idéal abstrait, mais une décision concrète. Sur le terrain, les joueurs ont incarné le proverbe haïtien « Ansanm ansanm nou fò » — non pas comme un slogan, mais comme une réalité vécue. Leur cohésion a révélé ce qu'Haïti peut accomplir lorsque l'intérêt collectif prime sur les ambitions individuelles. Cette qualification ne relevait pas uniquement de la performance sportive ; elle constituait la preuve tangible qu'un modèle fondé sur l'unité, la vision et la discipline est non seulement possible — il est déjà en action.

L'exemple de l'équipe envoie un message sans ambiguïté : la reconstruction devient possible lorsque ceux qui dirigent privilégient le bien commun. Les valeurs incarnées par les joueurs — sacrifice, solidarité, discipline, respect et attachement au drapeau — correspondent précisément aux fondements nécessaires à l'échelle nationale. Cet esprit n'est pas absent du pays : il s'exprime déjà à travers les éducateurs, les acteurs communautaires, les responsables religieux, les serviteurs publics intègres et les membres de la diaspora engagés dans le développement du pays.

La priorité consiste désormais à reconnaître, soutenir et renforcer ces forces existantes, afin que la renaissance d'Haïti progresse de l'espérance à l'action, puis de l'action à une transformation durable.

Conclusion : Quand le leadership devient lumière

L'histoire de l'équipe nationale haïtienne de 2025 dépasse largement le cadre sportif ; elle constitue une démonstration concrète de ce que peut accomplir un leadership capable de s'élever au-dessus de l'ego, de la division et du désespoir. Par leur unité, leur discipline et leur vision partagée, les joueurs ont révélé une Haïti encore vivante sous le poids des crises — une Haïti capable d'excellence, de collaboration et de fierté nationale.

Leur parcours a montré que la transformation ne naît pas de conditions idéales, mais de la présence de femmes et d'hommes suffisamment courageux pour servir, assez humbles pour écouter et assez disciplinés pour construire. Les entraîneurs ont incarné la structure et le sens du devoir ; les joueurs ont incarné la loyauté, le sacrifice et la fraternité. Ensemble, ils ont esquissé l'image d'une nation telle qu'elle pourrait exister si ceux qui la dirigent agissaient avec la même intégrité et la même constance.

Leur exemple rappelle une vérité essentielle : la grandeur n'est ni un héritage figé en 1804 ni un souvenir suspendu en 1974. Elle demeure une possibilité réelle, activée chaque fois que l'unité l'emporte sur la rivalité, que la responsabilité supplante les excuses et que la vision remplace le désordre. Si ces valeurs — respect, discipline, objectif commun et attachement au drapeau — deviennent des pratiques quotidiennes, la victoire de 2025 ne sera pas seulement retenue comme une qualification, mais aussi comme le point de départ d'un nouvel état d'esprit national.

Le chemin a été tracé. Reste à savoir si la nation choisira de l'emprunter.

La responsabilité lui appartient désormais.

Chapitre 5

Une foi qui n'est jamais morte

L'espoir est l'une des forces psychologiques les plus puissantes connues de l'humanité. Il façonne la manière dont les individus pensent, agissent et envisagent leur avenir. Dans le contexte d'Haïti — une nation marquée par des décennies d'instabilité, de chagrin et d'incertitude — cette force a souvent semblé fragile, voire lointaine. Pourtant, lorsque l'équipe nationale obtint sa qualification historique pour la Coupe du monde 2026, un phénomène profond se produisit : une onde d'espérance surgit, non pas comme un murmure discret, mais comme un élan collectif, porté par la nation et sa diaspora. Ce moment constitua une véritable percée psychologique — un basculement émotionnel qu'aucun acteur politique, aucune réforme ni aucune intervention extérieure n'avait su provoquer. Pendant un instant bref mais décisif, Haïti ne se regarda plus à travers ses blessures, mais à travers ses possibilités.

L'espoir n'est pas une illusion ; c'est une expérience vécue. Il élève l'esprit, réveille l'imagination et amorce une guérison, souvent imperceptible, de blessures anciennes. Lorsqu'un peuple marqué par le désespoir accède à une joie collective authentique, celle-ci agit comme un remède. La victoire de 2025 offrit bien plus qu'un succès sportif : elle redonna la capacité de croire, d'imaginer un avenir différent et de faire confiance à la possibilité du changement.

Ce chapitre explore la portée psychologique de cet instant : comment cette dynamique s'est installée, pourquoi elle est essentielle au renouveau national et comment elle peut orienter les efforts de reconstruction.

Cette force n'est pas passive ; elle est transformatrice. Elle influence les comportements, redéfinit les attentes et ouvre de nouvelles perspectives. La victoire de 2025 a déclenché ce mouvement. Elle a réveillé, au cœur de l'esprit haïtien, une conviction ancienne mais intacte : Haïti dépasse ses épreuves, ses échecs et les récits qui la limitent. Lorsqu'elle est partagée, cette dynamique devient le point de départ d'une renaissance. En 2025, cette impulsion s'est profondément enracinée dans la conscience nationale — amorçant ainsi un processus de guérison émotionnelle.

Comment le sport déclenche la guérison émotionnelle

Le sport possède un pouvoir psychologique remarquable : celui d'atteindre des dimensions émotionnelles que la politique ne peut aborder et d'apaiser des blessures que les programmes sociaux ne parviennent pas à guérir. En Haïti, le football a toujours dépassé le simple divertissement ; il constitue un sanctuaire. Un espace où la discipline est valorisée, où le travail d'équipe est célébré et où la beauté peut émerger même au cœur de l'adversité. Il porte les rêves d'enfants jouant pieds nus dans des ruelles étroites, les aspirations de jeunes s'entraînant sur des terrains irréguliers et la fierté de communautés rassemblées autour de radios ou d'écrans. Lorsque l'équipe nationale triompha en 2025, elle déclencha une vague de résonance émotionnelle que le pays n'avait pas connue depuis des décennies.

Le soir de cette victoire, un changement perceptible s'opéra dans les foyers haïtiens. Des personnes qui n'avaient pas souri depuis des mois retrouvèrent le rire. Des parents, longtemps accablés par l'inquiétude, serrèrent leurs enfants avec une émotion renouvelée. Des familles, fragilisées par le stress et les tensions, se réunirent pour chanter et célébrer. Dans les rues habituellement désertes en raison de l'insécurité, la vie prit vie à travers la danse, les chants et les drapeaux flottants. Cet instant rappelle une vérité essentielle : la joie demeure possible.

La guérison émotionnelle s'amorce souvent lorsqu'un événement vient interrompre le cycle de la douleur — lorsqu'un moment contredit la souffrance installée. Ce triomphe a joué ce rôle. Il n'a pas effacé les difficultés du pays, mais a introduit un récit alternatif. Pour un peuple marqué par les crises, la violence et l'instabilité, ce moment a réaffirmé une conviction essentielle : Haïti est capable de beauté, d'excellence et de réussite. Ce basculement a marqué le début d'un rétablissement de la confiance collective et d'une redécouverte de la valeur nationale.

Cette expérience émotionnelle partagée ne s'est pas arrêtée à l'instant de la célébration ; elle s'est progressivement transformée en une dynamique sociale plus large.

La joie collective comme force sociale

La joie collective constitue l'une des forces sociales les plus puissantes, capable de transformer en profondeur un pays. Elle efface les barrières, atténue les divisions et reconnecte les individus de manière que la seule logique ne saurait produire. Lorsqu'une population entière célèbre un même moment, partage une émotion commune et s'exprime d'une seule voix, un phénomène profondément transformateur s'opère. Ce processus, à la fois culturel, sociologique et psychologique, renforce les liens communautaires et consolide le tissu social d'une nation. Haïti a vécu cette expérience lors de sa victoire, qui a laissé une empreinte durable.

Dans les villes comme dans les campagnes, les célébrations éclatèrent comme un feu d'artifice humain. Des inconnus s'embrassaient sans hésitation. Des quartiers habituellement silencieux après le coucher du soleil s'animaient de chants et de rires. Hommes et femmes, jeunes et vieux, riches et pauvres, croyants et sceptiques — tous se retrouvaient sous le même drapeau, portés par une fierté commune. Durant ces heures exceptionnelles, les fractures sociales furent suspendues. L'unité remplaça la fragmentation. La solidarité prit le pas sur la méfiance. Le peuple redécouvrit ce que signifiait avancer ensemble.

Les sociologues désignent ce phénomène sous le nom d'effervescence collective — une expérience émotionnelle partagée qui élève les individus au-delà d'eux-mêmes et les unit au sein d'un tout plus vaste. Décrite par Émile Durkheim (1912/1995), cette dynamique renforce la cohésion sociale et consolide l'identité collective. Haïti en a fait l'expérience en temps réel.

Cette dynamique a profondément influencé l'humeur nationale. Elle a rappelé aux citoyens qu'ils sont liés les uns aux autres, qu'ils partagent un destin commun et que l'unité n'est pas une abstraction, mais une réalité vécue. Le triomphe n'a pas créé cette unité ; il a révélé une force déjà présente, mais souvent enfouie. Dans un contexte marqué par l'adversité, cette expérience est devenue une source de résilience, montrant que la reconstruction nationale commence par des expériences partagées qui réaffirment l'identité et l'appartenance. Cette redécouverte du lien collectif révèle une aspiration plus profonde : reconstruire une identité nationale positive, capable de soutenir durablement l'unité retrouvée.

La soif d'une identité nationale positive

Pendant des décennies, l'image d'Haïti — tant à l'intérieur qu'à l'international — a été dominée par des représentations centrées sur la crise : pauvreté, insécurité, catastrophes naturelles, instabilité politique et fragilité institutionnelle. Ces narrations ont souvent occulté la richesse culturelle du pays, son importance historique et son potentiel humain. De nombreux Haïtiens ont grandi en entendant davantage parler des difficultés nationales que de leurs forces. Cette situation a engendré un manque psychologique — un désir profond d'un moment de reconnaissance, d'un récit capable de susciter la dignité plutôt que la honte. La victoire de 2025 est venue répondre à cette aspiration.

Pour la première fois depuis longtemps, les Haïtiens se sont vus reflétés positivement sur la scène mondiale. Les médias internationaux ont salué la discipline, le talent et la détermination de l'équipe. Les communautés de la diaspora ont célébré ouvertement, portées par une fierté renouvelée. Les réseaux sociaux se sont remplis d'images de drapeaux haïtiens brandis dans les aéroports, les rues et les stades. Cette reconnaissance ne s'est pas limitée à une validation symbolique ; elle a modifié la perception que les Haïtiens se font d'eux-mêmes. Elle a introduit une nouvelle narration — fondée sur la résilience, le génie et la possibilité.

Une identité nationale positive n'influence pas seulement la manière dont un pays est perçu à l'extérieur ; elle transforme également les comportements à l'intérieur du pays. Lorsqu'un peuple retrouve la fierté de son identité, il agit différemment. Les citoyens avancent avec davantage d'assurance. Les jeunes commencent à se projeter en tant que futurs leaders, innovateurs et acteurs du progrès national. La victoire de 2025 a ainsi constitué une ancre psychologique — un repère rappelant que l'identité haïtienne ne se définit pas par la souffrance, mais par la force, la créativité, le courage et la persévérance. Elle a restauré la dignité et ravivé la motivation, tout en permettant à la nation de se redéfinir à travers le langage des possibilités. Cette transformation du regard porté sur la nation ouvre une perspective nouvelle : celle d'un avenir où les limites perçues cèdent progressivement la place à un champ de possibilités élargi.

Comment la victoire redéfinit la possibilité

La possibilité constitue un cadre mental. Elle détermine ce que les individus estiment pouvoir accomplir — et ce qu'ils considèrent comme inaccessible. En Haïti, des années d'insécurité, d'instabilité politique et de stagnation avaient progressivement affaibli la croyance en un changement réel. Une forme de paralysie collective s'était installée — une fatigue silencieuse, partagée à l'échelle nationale. La victoire de 2025 rompit cet état d'esprit en un instant.

Lorsque l'équipe nationale se qualifia pour la Coupe du monde, un basculement fondamental se produisit : la réussite devint visible. Ce n'était plus une idée abstraite, mais une réalité concrète et incontestable. Les Haïtiens commencèrent alors à envisager autrement l'avenir du pays. Ils imaginèrent des avancées en matière de gouvernance, d'éducation, d'agriculture, de sécurité communautaire et d'opportunités économiques. Ils expérimentèrent ce que les psychologues désignent comme l' « efficacité collective » : la conviction selon laquelle un groupe peut réussir ensemble. Si une équipe, issue d'un contexte difficile, pouvait s'élever, alors la nation elle-même pouvait aspirer à le faire.

Ce moment transforma les cadres mentaux. Les échanges évoluèrent du scepticisme (« Haïti ne changera jamais ») à une nouvelle ouverture (« Et si le changement était possible ? »). Cette mutation psychologique est essentielle à toute dynamique de renouveau. Les nations ne se construisent pas uniquement grâce à leurs ressources, mais aussi grâce aux croyances qui orientent l'action — la conviction que l'effort a du sens, que le progrès est atteignable et que les obstacles peuvent être surmontés. Le triomphe de 2025 a réactivé cette dynamique dans la conscience nationale, ouvrant à nouveau l'espace à l'ambition, au courage et à la vision. Lorsque la perception du possible se transforme, elle réveille une mémoire plus profonde : celle de la force collective qu'un peuple porte en lui depuis toujours.

Quand un peuple se rappelle sa force

L'impact le plus profond de la victoire de 2025 réside sans doute dans sa capacité à réveiller chez les Haïtiens la conscience de leur puissance collective. L'histoire du pays est marquée par des accomplissements exceptionnels — la première révolution d'esclaves réussie, la naissance de la première république noire et une tradition durable de courage, de créativité et de résilience.

Pourtant, les épreuves prolongées peuvent même obscurcir les héritages les plus puissants. Le triomphe a agi comme un miroir national, renvoyant aux Haïtiens une image plus fidèle d'eux-mêmes : celle d'un peuple ingénieux, résilient et capable de se relever.

Ce réveil produit un effet déterminant. Lorsqu'un peuple redécouvre sa capacité, il cesse de se percevoir comme soumis aux circonstances et commence à se reconnaître comme acteur du changement. Il envisage alors la reconstruction de ses quartiers, la réforme de ses institutions, le renforcement de ses communautés et la revitalisation de la nation. Le moment de 2025 a ravivé cette conviction, rappelant que l'histoire d'Haïti ne se limite pas à la souffrance, mais s'inscrit aussi dans une continuité de triomphes qui façonnent son identité.

L'espérance n'efface pas les défis, mais transforme la manière de les affronter. Elle convertit la peur en détermination, l'incertitude en action et le découragement en vision. En 2025, cette dynamique a réactivé une énergie psychologique essentielle au renouveau national. Elle a rappelé que l'avenir d'Haïti n'est pas figé par son passé, mais ouvert par la capacité de son peuple à se relever. L'espérance est ainsi devenue plus qu'une émotion : elle s'est affirmée comme une force motrice capable d'alimenter une renaissance durable. Cette transformation intérieure, à la fois émotionnelle et cognitive, conduit à une compréhension plus profonde : celle du rôle central que joue l'espoir dans la reconstruction d'une nation.

Conclusion- La psychologie de l'espoir

Les chercheurs ont depuis longtemps observé que les victoires sportives nationales peuvent élever le moral collectif et renforcer la cohésion sociale, offrant aux sociétés un sentiment renouvelé de possibilités. L'espoir dépasse le simple registre émotionnel : il constitue une force capable d'orienter le destin d'une nation. En 2025, Haïti n'a pas seulement célébré un succès sportif ; elle a traversé une véritable renaissance psychologique, touchant aux profondeurs de son identité collective. À travers le football, le pays a redécouvert l'unité, la fierté et une forme de guérison émotionnelle. L'expérience partagée a ravivé la conviction que la nation peut encore se relever, tandis qu'une perception plus positive d'elle-même a commencé à remplacer les récits dominants d'échec et de résignation.

Cette transformation n'est pas le fruit d'une réforme politique, d'un investissement économique ou d'une intervention extérieure. Elle est née d'une prise de conscience interne — celle que la grandeur demeure possible. Le moment de 2025 a réveillé une mémoire collective : celle d'un peuple résilient, créatif, courageux et indomptable. Il a ravivé la foi en un avenir où le progrès national cesse d'être perçu comme une illusion et devient un objectif concret. Pour beaucoup, cette expérience a restauré une dignité longtemps fragilisée et renforcé la confiance dans la capacité collective de la nation.

La dynamique psychologique initiée par ce triomphe ne relève pas d'un simple élan passager ; elle constitue une base sur laquelle un processus de reconstruction peut s'appuyer. Si elle est cultivée avec intention, cette énergie peut évoluer en un mouvement national — capable de renouveler le leadership, de renforcer les communautés, de mobiliser la jeunesse et de restaurer durablement la dignité collective.

L'espoir donne une direction à l'action, un sens au sacrifice et une cohérence à la lutte. Il transforme l'inspiration en responsabilité et la vision en engagement concret. Guidé par cette force, Haïti peut désormais commencer à écrire un nouveau chapitre de son histoire — non plus déterminé par ses blessures, mais façonné par sa volonté de se relever.

C'est dans ce choix que se décide non seulement l'avenir, mais le renouveau même de la nation.

Chapitre 6

La jeunesse et la renaissance de la fierté nationale

Haïti compte parmi les pays les plus jeunes de l'hémisphère occidental. Une majorité de ses citoyens a moins de 30 ans — une réalité démographique qui confère à cette génération un pouvoir déterminant dans la construction de l'avenir du pays. La jeunesse représente le cœur battant de toute nation, la promesse vivante de ce qu'elle peut devenir. En Haïti, toutefois, les plus jeunes ont grandi dans un contexte marqué par l'instabilité, l'insécurité et le fardeau émotionnel d'un pays en quête de direction. Pour beaucoup, le sentiment de fierté nationale s'était affaibli, devenant davantage un héritage transmis par les générations précédentes qu'une expérience réellement vécue.

Tout a basculé le soir où Haïti s'est qualifié pour la Coupe du monde 2026. En un instant, les jeunes — au pays comme dans la diaspora — ont découvert une image d'Haïti qu'ils n'avaient jamais connue : une nation victorieuse, unie, admirée et capable. Ce moment a dépassé la simple célébration. Il a ravivé une flamme longtemps affaiblie et redonné à cette génération le sentiment d'appartenir à quelque chose de plus grand qu'elle-même. Pour beaucoup, c'était la première fois que la fierté n'était pas seulement héritée, mais ressentie pleinement.

Ce chapitre examine l'impact profond de ce moment sur la nouvelle génération — la manière dont il a réveillé des aspirations longtemps endormies, transformé les perceptions identitaires, renforcé le sens du but et redéfini ce que signifie être Haïtien aujourd'hui. À travers cinq axes essentiels, nous analyserons comment cette victoire a insufflé une dynamique nouvelle : elle a apporté de la joie, mais aussi une vision ; suscité une célébration, mais également une orientation ; éveillé une fierté, tout en appelant à la responsabilité.

Alors qu'Haïti se trouve à un tournant décisif de son histoire, une question s'impose avec force :

Cette génération sera-t-elle celle qui transformera cet éveil en un renouveau durable pour la nation ? Ce moment n'a pas seulement inspiré la jeunesse ; il a déclenché un profond réveil, marquant le début d'une nouvelle conscience générationnelle.

Une nouvelle génération éveillée

La nuit de la qualification d'Haïti a déclenché un profond réveil au sein de la jeunesse. Pour une génération ayant grandi dans l'incertitude, voir sa nation triompher n'était pas un simple moment de divertissement — c'était une révélation. Elle a découvert une image d'Haïti capable d'exceller, de s'organiser et de gagner en reconnaissance sur la scène mondiale. Les enfants et les adolescents, souvent exposés à des récits négatifs sur leur pays, ont soudain vu des Haïtiens devenir champions. Ce moment a rompu l'engourdissement émotionnel accumulé au fil des années et a ravivé la curiosité, l'enthousiasme et le sentiment d'appartenance. Un changement intérieur s'est opéré : la conviction que l'avenir du pays pouvait être différent de son passé. Pour beaucoup, l'espoir est devenu concret, presque palpable.

Cet éveil ne fut pas uniquement émotionnel ; il fut également profondément inspirant. Les jeunes ont vu des athlètes qui leur ressemblaient, parlaient comme eux, partageaient des parcours similaires — et pourtant atteignaient l'excellence. Pour ceux qui se sentaient invisibles ou découragés, cette représentation a agi comme un déclencheur. Elle a montré que la réussite n'était pas réservée à d'autres contextes ni à d'autres peuples, mais qu'elle leur était accessible. Ce moment a semé des graines d'ambition dans l'esprit de milliers d'enfants, les invitant à rêver à nouveau — dans le sport, l'éducation, les arts, le leadership ou l'innovation. Les horizons se sont élargis, dépassant la logique de survie pour s'orienter vers la réalisation.

Plus encore, ce réveil a pris une dimension collective. Des messages de fierté, d'unité et d'encouragement ont largement circulé sur les réseaux sociaux. Les écoles ont ressenti un regain d'énergie. Les terrains communautaires se sont remplis d'enfants s'entraînant et s'imaginant porter un jour le maillot national. Pour la première fois depuis longtemps, cette génération a commencé à se percevoir non pas comme le produit d'un contexte difficile, mais comme la force montante d'un Haïti en devenir. Au cœur de ce réveil se trouve un facteur déterminant : l'impact profond de la représentation et la puissance transformatrice de voir des Haïtiens réussir au plus haut niveau.

La puissance de voir des Haïtiens gagner

La représentation constitue l'une des forces les plus déterminantes dans la construction de l'identité nationale. Lorsqu'un jeune voit une personne partageant sa culture, son parcours ou ses défis atteindre l'excellence, sa perception du possible se transforme. Le triomphe de 2025 a offert à la jeunesse haïtienne cette preuve concrète : que des Haïtiens peuvent réussir au plus haut niveau sur la scène mondiale. Il a brisé une barrière psychologique, construite au fil des années d'exposition à des récits dominés par la crise et l'instabilité. Pour une fois, le monde voyait Haïti gagner — et les jeunes s'y reconnaissaient pleinement.

Ce moment a profondément modifié le récit dominant. Pendant des décennies, de nombreux enfants haïtiens ont intériorisé une image négative de leur pays. Même au sein de la diaspora, certains éprouvaient une forme de retenue ou de distance à l'égard de leurs origines. Mais lorsque l'équipe nationale a triomphé, un changement s'est opéré. Dans plusieurs écoles de la diaspora, notamment en Floride, des drapeaux haïtiens ont été hissés avec fierté. Dans mon propre lycée de Pompano Beach, par exemple, de nombreux élèves ont ouvertement exprimé leur attachement en brandissant le drapeau haïtien. Des vidéos d'enfants scandant « Ayiti ! » ont circulé largement. L'identité, autrefois discrète, s'est affirmée avec assurance. Être Haïtien est devenu une source de fierté assumée. La célébration a remplacé l'hésitation, et l'appartenance s'est transformée en affirmation.

L'impact psychologique fut considérable. Les jeunes ont commencé à se percevoir autrement — comme des gagnants, des leaders, des créateurs et des innovateurs. Ils ont compris que si leurs compatriotes pouvaient réussir face à des nations puissantes dans le sport, ils pouvaient également exceller dans d'autres domaines : la technologie, la politique, l'éducation, l'agriculture ou l'entrepreneuriat. Ce moment a élargi leurs horizons et restauré leur confiance en leur identité. Il a rappelé que la grandeur n'est pas extérieure à Haïti, mais qu'elle en fait partie. En voyant leurs propres réussites, ils ont commencé à croire en leur capacité à s'élever. Cette redécouverte de soi ne s'arrête pas à la fierté ; elle ouvre la voie à un engagement plus profond, où l'identité devient le point de départ d'une mission collective.

Identité et sens de la mission chez la jeunesse haïtienne

L'identité et le sens du but constituent des fondements essentiels du développement des jeunes. Pourtant, pour une grande partie de la jeunesse haïtienne, ces repères avaient été brouillés par le bruit incessant des crises. Le moment de 2025 a apporté une forme de clarté — une opportunité de se reconnecter à la signification profonde d'être Haïtien. Il a rappelé que cette identité s'enracine dans la force, la créativité, le génie et la résilience. Progressivement, la perception d'Haïti comme fardeau a laissé place à une vision différente : celle d'une mission à porter et à défendre. Pour beaucoup, ce basculement a remplacé une honte silencieuse par une dignité retrouvée, transformant une douleur héritée en un sentiment d'appartenance affirmé.

Cet événement a également redéfini le sens du but pour des milliers de jeunes. Il a ravivé le désir de contribuer à quelque chose de plus grand que soi-même. Certains, autrefois découragés, ont retrouvé la motivation pour poursuivre leurs aspirations, notamment dans le sport. D'autres ont puisé dans ce moment une énergie nouvelle, les poussant à s'engager activement au sein de leurs communautés. Même les plus jeunes ont commencé à se projeter sur les scènes nationales et internationales — en tant qu'athlètes, artistes, ingénieurs ou acteurs du changement. Ce réveil a redonné une direction et une cohérence aux aspirations individuelles.

Ce sens renouvelé de la mission doit désormais être cultivé et structuré. Le moment de 2025 a ouvert un champ de possibilités ; il appartient désormais aux éducateurs, aux leaders et aux communautés d'en assurer la continuité. Les écoles, les églises et les organisations communautaires ont un rôle déterminant à jouer dans l'accompagnement de cette dynamique. En investissant dans des programmes sportifs et éducatifs, ainsi que dans le mentorat et le développement du leadership, elles peuvent transformer l'inspiration en progrès durable. Lorsque les jeunes bénéficient d'un encadrement adapté, leur énergie peut être orientée vers la construction de communautés plus solides et vers une contribution active à l'avenir du pays. Ainsi, l'élan suscité par ce moment peut dépasser la célébration pour devenir un véritable fondement de renouveau national. Dans cette dynamique, le football apparaît non seulement comme un symbole, mais aussi comme un levier concret capable de canaliser cette énergie vers une transformation sociale plus large.

Le football comme catalyseur du changement social

Le sport constitue un puissant vecteur éducatif. Il favorise le développement de la discipline, de la persévérance, du sens des responsabilités et de la résilience émotionnelle. Dans le contexte haïtien, le football s'est imposé comme un véritable espace de formation sociale — un lieu où le caractère se construit et où les principes fondamentaux s'incarnent concrètement. Le succès de l'équipe nationale a illustré avec force l'importance de la préparation et de la rigueur. La jeunesse a pu observer que la réussite repose sur le sacrifice, la constance et l'engagement collectif. À travers l'exemple des joueurs, ces principes ont cessé d'être abstraits pour devenir des comportements observables, accessibles et reproductibles.

Ces enseignements doivent désormais être consolidés en tant que leviers de transformation sociale. Les principes incarnés sur le terrain — discipline, engagement, courage et persévérance — offrent un cadre de référence applicable bien au-delà du sport. En intégrant des pratiques telles que la ponctualité, la coopération, le respect des règles et la réflexion stratégique, les jeunes peuvent transférer ces compétences à leur vie quotidienne et à la poursuite de leurs objectifs personnels et professionnels.

Les institutions éducatives et communautaires jouent, à cet égard, un rôle déterminant. À l'image des dynamiques sportives, l'éducation doit dépasser la transmission de connaissances pour intégrer le développement de compétences comportementales et sociales. Grâce à des approches pédagogiques structurées et collaboratives, les éducateurs peuvent renforcer des aptitudes essentielles telles que la résolution de conflits, la coopération, la régulation émotionnelle et la planification à long terme. Les entraîneurs, enseignants et mentors communautaires constituent ainsi des acteurs clés dans la transmission de ces valeurs, la pratique encadrée se révélant souvent plus efficace que les discours théoriques.

Par ailleurs, le football constitue une alternative constructive face aux comportements à risque. Dans des environnements marqués par l'insécurité, il crée des espaces structurés où l'énergie peut être orientée positivement. Les activités sportives — qu'il s'agisse de compétitions organisées ou de pratiques informelles — offrent un cadre propice à l'engagement, à la discipline et au sens de l'objectif. Elles permettent également de développer la capacité à persévérer face aux difficultés et à collaborer pour atteindre un objectif commun.

Lorsque ces dynamiques sont soutenues dans la durée, le football dépasse le cadre du divertissement pour devenir un véritable outil de formation citoyenne. Il contribue à transformer les mentalités, en faisant évoluer les perspectives d'une logique de survie immédiate vers une vision d'accomplissement à long terme. Le moment de 2025 a ainsi mis en évidence le potentiel du sport comme instrument structurant — capable de façonner le caractère, de renforcer les communautés et d'orienter la jeunesse vers des trajectoires plus stables et constructives. Au-delà de ses effets sociaux et éducatifs, cette dynamique a également contribué à transformer la perception même de l'identité nationale

Redéfinir ce que signifie être Haïtien

L'impact le plus profond sur la jeunesse fut sans doute la redécouverte — et la redéfinition — de l'identité haïtienne. Pendant trop longtemps, être Haïtien a été associé à la souffrance, à l'instabilité et à une marginalisation mondiale injuste. Le moment de 2025 a rompu avec ce récit. Il a rappelé aux jeunes la grandeur d'Haïti : son héritage révolutionnaire inégalé, la richesse de sa culture et la profondeur de sa résilience. Cette expérience a permis l'émergence d'une identité renouvelée, fondée non plus sur la honte, mais sur la fierté, la dignité et l'excellence.

Certes, Haïti a traversé de longues périodes de souffrance. Mais une question fondamentale demeure : comment la première république noire libre du monde a-t-elle pu connaître un tel déclin, alors qu'elle était autrefois surnommée « la Perle des Antilles » ? Cette appellation reflétait une réalité historique tangible. Avant l'indépendance, Saint-Domingue était la colonie la plus prospère de l'empire français, un centre économique, agricole et culturel majeur.

La détérioration de la nation s'inscrit dans un processus historique marqué par l'extraction systématique de ses richesses, sans compensation équitable (Dubois, 2012 ; The New York Times, 2022). Pendant des générations, des puissances extérieures ont bâti leur prospérité sur le travail des personnes réduites en esclavage (Trouillot, 1995). À cette exploitation initiale se sont ajoutés, après l'indépendance, l'isolement diplomatique, des dettes punitives, l'exclusion économique et des interventions étrangères répétées (Casimir, 2018).

À cette réalité matérielle s'est superposée une construction symbolique tout aussi déterminante : une image internationale façonnée par des récits centrés sur l'instabilité et la misère, au détriment de la complexité historique du pays. Plutôt que d'être reconnue comme un symbole universel de liberté et de courage, Haïti a été réduite à des représentations partielles, ce qui a contribué à altérer sa place dans l'imaginaire mondial.

Ainsi, certaines nations se sont enrichies au prix de son affaiblissement. Et pour reprendre une image inspirée du prophète Ésaïe, Haïti est devenue « méprisée et abandonnée des hommes, pays de douleur et habitué à la souffrance ». Délaissée, jugée, souvent ignorée, elle a porté le poids d'injustices historiques accumulées, aggravées par des faiblesses internes, notamment en matière de gouvernance.

Cependant, ce moment marque un tournant. Il ouvre la voie à la reprise de la maîtrise du récit national. Il appelle à redéfinir l'identité haïtienne non pas selon les perceptions extérieures, mais à partir de sa réalité profonde : celle d'un peuple courageux, inventif, résilient et digne. Il s'agit désormais d'inscrire la jeunesse non pas comme héritière d'une nation figée dans la crise, mais comme actrice d'une nation en reconstruction. Le moment de 2025 ne se limite pas à une réussite sportive ; il constitue une invitation à reconstruire le récit national, à restaurer l'honneur collectif et à redéfinir le sens même d'être Haïtien.

Cette transformation identitaire ne peut toutefois pas se limiter à l'émotion ; elle doit reconfigurer la manière dont les jeunes perçoivent le monde. Les défis ne doivent plus être interprétés comme des signes d'infériorité nationale, mais comme des opportunités de redressement et de renouveau. Si une équipe peut triompher dans des conditions défavorables, alors des avancées sont également envisageables en matière de gouvernance, d'éducation, d'infrastructures et de cohésion sociale. L'espoir doit ainsi redéfinir les attentes et orienter l'ambition collective.

Cette redéfinition appelle également à une traduction concrète. Elle doit renforcer les liens entre les jeunes, au-delà des frontières géographiques. Qu'ils vivent à Port-au-Prince, à Jacmel, à Miami, à Montréal, à Paris ou à São Paulo, ils doivent se reconnaître dans une identité commune, portée par le même drapeau, la même histoire et une aspiration partagée. Cette unité ravive le sens de la devise nationale, « L'union fait la force », et rappelle que l'identité haïtienne n'est pas un fardeau dont il faut se libérer, mais un appel à élever la nation à une plus grande dignité, à davantage de responsabilité et d'espérance. Dès lors, la question centrale ne porte plus sur l'identité redécouverte, mais sur la génération appelée à la porter et à la transformer à l'avenir.

Conclusion — La génération qui portera Haïti vers l'avenir

La victoire de 2025 a fait bien plus qu'illuminer le ciel de feux d'artifice ou de remplir les rues de célébrations ; elle a réveillé une génération qui cherchait depuis longtemps une raison d'espérer. Dans le cœur de la jeunesse haïtienne — tant sur le territoire national qu'au sein de la diaspora — quelque chose d'irréversible s'est produit. Les jeunes se sont reconnus dans ce triomphe et, dans ce reflet, ont découvert la possibilité. Ils ont retrouvé une identité que le monde avait partiellement ensevelie sous des récits de crise et ont commencé à envisager un avenir qui ne reflète plus uniquement la souffrance, mais aussi le potentiel.

Cette renaissance de la fierté nationale dépasse l'émotion ; elle s'inscrit dans une dynamique de transformation. Elle a offert à la jeunesse un regard renouvelé sur elle-même, ses communautés et la nation. La fierté est devenue une orientation. L'enthousiasme s'est structuré en vision. L'inspiration s'est traduite par une prise de responsabilité. Ce qui émerge n'est pas simplement une génération pleine d'espoir, mais une génération prête — prête à diriger, à innover et à reconstruire. Elle comprend désormais qu'Haïti n'est pas figée dans son passé, mais qu'elle se redéfinit à travers ceux qui ont le courage de façonner son avenir.

Si le cœur d'une nation bat le plus intensément dans sa jeunesse, alors celui d'Haïti, en 2025, s'est affirmé avec une force nouvelle — plus claire, plus consciente et plus déterminée. Cette génération porte en elle l'énergie du renouveau, la lucidité issue de l'épreuve et l'héritage d'ancêtres qui ont transformé l'histoire. Son ambition ne se limite pas à célébrer les victoires d'Haïti, mais à les multiplier — dans les salles de classe, au sein des communautés, dans les espaces d'innovation, sur les scènes internationales et partout où s'exprime son identité.

La question n'est donc plus de savoir si la jeunesse peut faire avancer Haïti.

La véritable interrogation — celle qui s'impose désormais avec force — est la suivante :

Haïti donnera-t-elle à sa jeunesse l'espace, les moyens et l'unité nécessaires pour bâtir l'avenir qu'elle est prête à créer ?

Partie III

Le monde observe

RÉFLEXION

Le monde redécouvre parfois une nation, mais une
nation ne se découvre jamais par hasard.
Elle se révèle au moment où elle choisit de se montrer.

Chapitre 7

Haïti redécouverte par le monde

Il existe, dans la vie d'une nation, des moments rares où un simple événement fait plus qu'inspirer : il éclaire un chemin. En 2025, l'équipe nationale de football d'Haïti a créé un tel moment. Leur triomphe n'a pas été une simple victoire sur le terrain — il a été une démonstration vivante de ce que le leadership discipliné, le but commun et la responsabilité partagée peuvent accomplir. Dans un pays marqué par des décennies de fragilité institutionnelle, d'instabilité politique et de fragmentation sociale, cette équipe est apparue comme une figure inattendue. Par leurs actions, ils ont révélé un modèle de comportement national : un plan directeur pour reconstruire Haïti de l'intérieur.

Pourtant, ce moment n'est pas apparu de manière isolée. Il s'est déroulé dans un contexte de profonde tension nationale, où la vie quotidienne a été transformée par l'insécurité, les déplacements de population et l'érosion des infrastructures publiques. Ces dernières années, l'escalade de la violence des gangs et l'instabilité ont contraint de nombreuses familles à fuir des quartiers entiers de Port-au-Prince et à chercher refuge dans des villes de province comme Le Cap-Haïtien et Les Cayes. Les déplacements sont devenus imprévisibles, les réseaux routiers se détériorant et les systèmes improvisés de transport à moto reflétant à la fois la fragilité de l'État et la résilience populaire. Malgré ces épreuves, les Haïtiens continuent de faire preuve d'une endurance remarquable, maintenant leurs communautés grâce à la solidarité, aux réseaux économiques informels et aux transferts de fonds de la diaspora, qui représentent près d'un quart de l'économie nationale. Dans ce contexte, le succès de l'équipe nationale a résonné bien au-delà du sport : il a offert un contre-récit visible fait d'ordre, de discipline et de sens collectif.

Le succès de l'équipe a également forcé la nation à reconnaître une vérité essentielle : une transformation profonde commence par les personnes, et non par la politique. Alors que les institutions peuvent vaciller et que les dirigeants peuvent décevoir, des hommes ordinaires, animés d'un engagement extraordinaire, peuvent faire naître l'espoir. Par la structure, le travail acharné, la responsabilité et l'unité, les joueurs ont incarné une version d'Haïti que beaucoup avaient oubliée. Ils sont devenus la preuve que l'excellence n'est pas étrangère à Haïti ; elle est une capacité haïtienne longtemps éclipsée par les crises. Ce chapitre examine les leçons que leur parcours offre à la nation et la manière dont leur exemple peut guider Haïti vers un avenir plus discipliné, plus uni et plus porteur d'espoir.

Pour beaucoup, la victoire de l'équipe a ressemblé à une prophétie accomplie — une vision de ce que Haïti pourrait devenir si la discipline remplaçait le désordre, si l'unité remplaçait la division et si la responsabilité remplaçait la corruption. Ce qu'ils ont démontré sur le terrain n'était pas de la magie ; c'était une méthode. C'était la structure, la préparation et la responsabilité collective traduites en performance. Cette méthode peut être apprise. C'est ce transfert de valeurs — du stade aux rues, du vestiaire à la nation — qui fait de l'équipe haïtienne de 2025 bien plus que de simples athlètes. Ils sont des architectes de la possibilité. Ils incarnent un modèle de renouveau national fondé sur la discipline, la coopération et un objectif partagé. Ils constituent un modèle qui mérite d'être étudié.

Les leçons de la discipline et de la structure

L'ascension de l'équipe nationale reposait sur un profond respect de la structure. Chaque élément de leur préparation — des horaires d'entraînement aux schémas tactiques, de la condition physique à la coordination technique — était organisé avec une rigueur extrême. Rien n'était laissé à l'improvisation ni au hasard. Cette approche contrastait fortement avec le chaos institutionnel qui caractérise trop souvent la société haïtienne. L'équipe a démontré que le succès n'est presque jamais le fruit de l'accident : il résulte d'une planification intentionnelle, d'un comportement constant et de la volonté de respecter un système partagé.

Leur discipline n'était pas seulement physique, mais aussi mentale. Les joueurs ont entraîné leur esprit à rester concentrés sous pression, à gérer leurs émotions et à demeurer fidèles au plan, même face à l'adversité. Ils ont appris à s'adapter rapidement, à analyser leurs erreurs sans honte et à corriger leurs faiblesses par la répétition plutôt que par des excuses. Ces compétences — souvent sous-estimées dans une société habituée à l'instabilité — ont été essentielles à leur victoire réveillée.

Plus important encore, l'équipe a révélé que la structure n'est pas anti-haïtienne : elle est nécessaire à la renaissance du pays. Ce qui a fonctionné sur le terrain peut fonctionner dans les salles de classe, les quartiers, les institutions et les bureaux publics. L'ordre peut remplacer le désordre. Les systèmes peuvent remplacer l'improvisation. Le respect des processus peut remplacer les raccourcis. La discipline de l'équipe rappelle que l'avenir d'Haïti ne sera pas reconstruit par l'inspiration seule, mais par des habitudes quotidiennes respectant la structure, le but commun et la responsabilité collective.

La responsabilité comme culture

L'une des qualités les plus transformatrices de l'équipe de 2025 fut sa culture de la responsabilité. Chaque joueur comprenait que ses actions affectaient l'ensemble du groupe. Personne n'était autorisée à blâmer les autres, à dissimuler ses erreurs ou à ignorer les instructions. La responsabilité n'était pas une punition ; elle constituait un engagement partagé envers l'excellence. Elle créait un environnement où l'honnêteté remplaçait l'orgueil, l'effort remplaçait les excuses et le sens des responsabilités remplaçait l'indifférence.

Cette culture contraste fortement avec certains schémas qui ont affaibli de nombreuses institutions en Haïti pendant des décennies. Dans trop de contextes, les fautes ne sont pas contestées et la médiocrité finit par être tolérée. L'équipe a proposé un modèle différent : une culture où chacun — du capitaine au plus jeune recrue — assume sa responsabilité. Ce sentiment d'appropriation a renforcé la confiance entre les joueurs. Ils pouvaient compter les uns sur les autres, car chaque membre demeurait engagé dans la mission commune. La confiance, née de la responsabilité, est devenue leur plus grande force intérieure.

Si Haïti adoptait cet état d'esprit, la transformation pourrait être profonde. Les écoles pourraient cultiver le sens des responsabilités dès le plus jeune âge. Les institutions publiques pourraient fonctionner avec transparence et intégrité. Les communautés pourraient compter les unes sur les autres pour défendre des valeurs communes. La responsabilité n'est pas un principe importé ; elle est enracinée dans l'héritage moral propre à Haïti. La génération qui a combattu pour l'indépendance a assumé la responsabilité non seulement de la liberté, mais aussi de l'avenir de la nation.

L'équipe de 2025 a ravivé cette valeur ancestrale et démontré qu'une nation s'élève lorsque son peuple refuse d'abandonner ses responsabilités. Ce faisant, elle a offert à Haïti bien plus qu'une victoire — un modèle de renouveau. Leur exemple a montré que la transformation ne commence ni par le pouvoir ni par la richesse, mais par le caractère, la discipline et l'engagement. Lorsque la responsabilité est assumée collectivement, la restauration nationale devient possible et durable.

Travailler ensemble pour un objectif commun

L'unité est devenue la force la plus décisive de l'équipe. Bien que les joueurs soient issus d'horizons variés — certains formés dans les ligues locales haïtiennes, d'autres développés au sein des communautés de la diaspora en Europe et dans les Amériques — ils se sont réunis en une unité disciplinée et cohésive. Leur diversité n'a pas créé de division ; elle a élargi leur capacité stratégique. Les joueurs ont combiné différents styles de jeu, expériences professionnelles et perspectives culturelles pour renforcer l'adaptabilité et la résilience de l'équipe face à la pression.

Au lieu de rivaliser pour la reconnaissance, ils ont coordonné leurs rôles avec précision, permettant au talent individuel de servir un objectif collectif. Cette capacité à intégrer des forces variées tout en compensant les faiblesses individuelles offre une leçon puissante pour la vie nationale d'Haïti. Elle démontre que la diversité, lorsqu'elle est guidée par un objectif commun et par le respect mutuel, ne devient pas une source de fragmentation, mais un multiplicateur de forces qui renforce l'ensemble.

Leur unité n'était pas accidentelle ; elle a été soigneusement cultivée par la communication, le respect mutuel et le sacrifice partagé. Les joueurs ont appris à écouter, à accepter les différences et à privilégier le succès de l'équipe au détriment de la reconnaissance individuelle. Ils ont compris que la cohésion exige des efforts — elle se construit par la confiance, la discipline et la volonté de subordonner les ambitions personnelles à un objectif commun. Ils ont reconnu qu'un groupe uni est plus fort que la somme de ses parties. Sur le terrain, cette unité se manifestait par des mouvements coordonnés, une couverture défensive efficace et un jeu altruiste ; en dehors du terrain, elle incarnait un modèle de responsabilité collective. Ce principe s'applique non seulement au sport, mais aussi à toutes les dimensions de la vie nationale. Lorsque les Haïtiens collaborent, ils sont efficaces. Lorsqu'ils se divisent, ils s'affaiblissent.

Cette section enseigne aux Haïtiens que l'unité n'est pas seulement un slogan. C'est une discipline — un choix quotidien de placer le bien collectif au-dessus de l'orgueil personnel. L'équipe a prouvé que l'unité n'est ni naïve ni irréaliste ; elle est puissante, pratique et nécessaire. Elle exige de la patience, du dialogue et du courage pour travailler au-delà des différences. Si Haïti adoptait cet état d'esprit dans la politique, l'éducation, la gouvernance locale et la vie communautaire, la nation pourrait dépasser les cycles de fragmentation pour progresser de manière coordonnée vers une stabilité partagée, atteignant ainsi un niveau de développement qui a longtemps semblé inaccessible. Cette transformation commence de l'intérieur.

Comment les nations grandissent de l'intérieur

Les nations ne s'élèvent pas grâce à des discours ou des promesses ; elles progressent par des actions constantes et disciplinées menées par des individus ordinaires. L'équipe nationale a illustré ce principe avec force. Son succès fut bâti sur de petites habitudes quotidiennes — arriver à l'heure, s'entraîner intensément, analyser les stratégies, accepter les corrections et se soutenir mutuellement. Ces efforts répétés ont progressivement conduit à une victoire significative. Ce processus illustre comment les nations se transforment : de l'intérieur, à travers des engagements quotidiens en faveur de l'excellence.

Le parcours de l'équipe a montré que le recours à des solutions externes conduit à la stagnation. Le progrès durable doit être cultivé de l'intérieur. Aucune intervention extérieure, réforme politique ou assistance internationale ne peut remplacer une culture fondée sur la responsabilité et l'autodiscipline. L'avenir d'Haïti dépend de la capacité de sa population à adopter des valeurs qui renforcent la société — discipline, respect, intégrité, unité et persévérance. Ces valeurs ne sont pas de simples idéaux abstraits ; elles constituent des comportements concrets capables de transformer les communautés, les institutions et la culture nationale.

Dans cette perspective, cette analyse souligne l'importance pour Haïti d'adopter une éthique de travail conforme à celle de l'équipe. Le changement commence par les habitudes individuelles — l'enseignant qui prépare ses leçons avec rigueur, l'élève qui étudie avec détermination, l'agent qui sert avec intégrité, le parent qui incarne la discipline et le leader qui écoute et agit avec courage. Lorsque les actions quotidiennes s'alignent sur les priorités nationales, la transformation devient inévitable. Le renouveau national ne repose pas sur de grandes déclarations, mais se construit à travers des choix constants et disciplinés, ancrés dans la vie quotidienne, principes qui se traduisent concrètement par les valeurs incarnées par l'équipe.

Appliquer les valeurs de l'équipe à la société

L'équipe nationale a fourni le plan, mais Haïti doit désormais l'appliquer de manière délibérée. Leurs valeurs — discipline, unité, responsabilité et objectif partagé — peuvent renforcer tous les secteurs de la société. Les écoles peuvent instaurer des environnements structurés favorisant l'excellence. Les communautés peuvent adopter des approches collaboratives pour résoudre les problèmes. Les institutions publiques peuvent incarner la transparence et la responsabilité. Les entreprises peuvent développer des cultures de travail fondées sur la collaboration, la fiabilité et l'innovation.

Ces valeurs peuvent transformer la société haïtienne de fond en comble. Imaginez des quartiers où l'unité remplace la méfiance. Des salles de classe où la discipline remplace le désordre. Des institutions où la responsabilité réduit la corruption et restaure la confiance. Des communautés où un objectif partagé guide les décisions quotidiennes. La victoire de l'équipe a démontré que ces valeurs ne sont pas de simples idéaux ; elles sont concrètes, applicables et réalisables.

Si Haïti adopte ces valeurs délibérément, la victoire de 2025 deviendra bien plus qu'un simple moment historique. Elle pourra constituer le fondement d'une renaissance nationale, non sur l'aide extérieure, mais sur la conviction intérieure et la force collective. Une telle transformation marquerait un passage de la dépendance à l'autodétermination et d'une gestion de crise à la construction d'une nation durable.

Lorsque ces valeurs sont mises en pratique au quotidien, elles deviennent un moteur de transformation durable. Elles offrent ainsi un modèle concret de renouveau fondé sur la discipline, l'unité et la responsabilité collective — un modèle digne d'être suivi pour l'avenir de la nation.

Conclusion — Un modèle digne d'être suivi

L'équipe nationale de 2025 n'a pas seulement brandi un trophée ; elle a soulevé le fardeau émotionnel qui pesait sur Haïti depuis des décennies. Par leur discipline, leur unité, leur sens de la responsabilité et leur sens du but commun, ils ont révélé au pays une version de lui-même longtemps oubliée — une version façonnée non par l'instabilité ni par les crises, mais par l'excellence, la structure et l'engagement. Leur victoire fut plus qu'un succès sportif ; elle fut une démonstration nationale de ce qui devient possible lorsque des individus refusent de céder au chaos et choisissent, à la place, l'ordre, la vision et la persévérance. À cet instant, le triomphe a dépassé le cadre du sport et est devenu un miroir révélant le potentiel inexploité de la nation.

Tout au long de leur parcours, l'équipe est devenue une leçon vivante. Ils ont prouvé que le succès ne naît ni de miracles ni de chance, mais d'habitudes disciplinées, répétées jour après jour. Ils ont affirmé que l'unité n'est pas un simple slogan gravé sur les armoiries nationales, mais une réalité vécue qui fortifie les communautés et les institutions. Ils ont révélé que la responsabilité n'est pas une sanction, mais un chemin vers la confiance et le respect. Par leur exemple, la nation a aperçu un modèle de gouvernance, d'éducation et de vie communautaire — un modèle fondé non pas sur la théorie, mais sur l'expérience vécue.

Un plan directeur se tient désormais devant la nation — non pas conçu par des experts étrangers ou des élites politiques, mais par de jeunes hommes qui sont entrés sur le terrain en portant les espoirs d'une nation. Ils n'ont pas attendu les conditions parfaites ; ils les ont créées. Ils ne se sont pas brisés sous la pression ; ils s'y sont renforcés. Leur histoire offre à Haïti une feuille de route pour l'avenir : préparation disciplinée, responsabilité partagée, unité constructive et croyance inébranlable en un objectif plus grand que soi. Ce ne sont pas des principes abstraits ; ce sont des outils capables de transformer les institutions, les communautés et même l'esprit national. Ils montrent que la transformation commence lorsque le caractère s'unit à un objectif collectif.

Mais les plans ne servent qu'à une nation qui choisit de les suivre. La question se pose désormais à la nation elle-même : Haïti choisira-t-elle d'adopter ces valeurs — dans ses écoles, ses bureaux publics, ses quartiers, son leadership et sa vie quotidienne ?

Si la réponse est oui, la victoire de 2025 dépassera largement le stade où elle a été remportée. Elle deviendra le début d'un nouveau chapitre de l'histoire d'Haïti — un chapitre où l'unité remplace la division, la discipline remplace le désordre et la responsabilité remplace la corruption. Elle marquera le moment où Haïti a cessé d'attendre la transformation et a commencé à la construire de ses propres mains. On s'en souviendra comme du moment où une nation a compris que sa renaissance n'était pas seulement nécessaire, mais aussi possible — et déjà en marche

Si Haïti choisit cette voie, la victoire de 2025 ne restera pas un simple souvenir.

Elle deviendra un mouvement.

Une fondation.

Une renaissance.

Et un jour, le monde dira :

C'est à ce moment-là qu'Haïti a commencé à se relever — portée par son unité, sa foi et l'esprit qui la définit.

RÉFLEXION

L'unité donne la direction,
la foi donne la force,
Et l'esprit d'un peuple donne vie à son destin.

Chapitre 8

Unité, foi et esprit haïtien

Certains moments dans la vie d'une nation dépassent la simple célébration pour devenir des révélations. Le triomphe d'Haïti en 2025 fut l'un de ces moments rares. Le triomphe d'Haïti en 2025 fut l'un de ces moments rares. À première vue, il ne s'agissait que d'un exploit sportif, d'une qualification arrachée grâce à la discipline, au travail d'équipe et à des mois de préparation.

Mais sous la surface, une réalité bien plus profonde se révélait. La victoire a touché les racines spirituelles du peuple haïtien, ces fils invisibles qui relient l'identité, la foi, la communauté et la destinée nationale. Elle a réveillé une mémoire plus ancienne que la nation elle-même — la mémoire d'un peuple qui a toujours résisté, toujours prié, toujours enduré et toujours espéré.

Pour des millions d'Haïtiens à travers le monde, le triomphe fut perçu comme un signe divin — un rappel doux mais saisissant que Dieu n'a pas abandonné ce pays. Beaucoup y ont vu un « miracle », un « signe », une « grâce », une « réponse ». Dans un moment de lassitude collective, de peur et de douleur, cette victoire a été ressentie comme une respiration céleste. Les églises, les familles et les communautés n'ont pas simplement applaudi : elles ont interprété ce succès comme un moment de renouveau spirituel, une étincelle ravivant l'unité, la dignité et l'espérance. Les leaders religieux, les anciens des quartiers et les jeunes rêveurs y ont vu la preuve que l'histoire d'Haïti n'est pas terminée — et que le chapitre à venir pourrait être bien plus lumineux que ceux du passé.

Ce chapitre explore cette dimension sacrée — la signification spirituelle de la victoire, le rôle des communautés de foi, le pouvoir du football d'effacer les divisions sociales, la redécouverte de la citoyenneté et l'émergence d'une culture du respect capable de cimenter la nation. À une époque où Haïti aspire à la guérison, à une direction et à une clarté morale, ces leçons ne sont pas de simples réflexions sentimentales, mais des repères qui indiquent le chemin du renouveau.

La signification spirituelle de la victoire

Pour de nombreux Haïtiens, le triomphe de 2025 dépassait largement le cadre sportif — il était d'ordre spirituel. Haïti est un pays où la foi structure la vie quotidienne, où les prières montent avant l'aube, où les chants de louange résonnent dans les montagnes et les ruelles. Dans ce contexte, la victoire avait le parfum d'un moment divin. On la décrivait comme un « miracle », un « signe », une « bénédiction ». Après des années d'insécurité, de deuils et d'épuisement, elle fut ressentie comme une respiration céleste — un rappel que Dieu voit encore Haïti, aime encore Haïti et combat encore pour Haïti.

Cette lecture spirituelle s'inscrit dans la continuité de l'histoire nationale. Depuis l'époque révolutionnaire jusqu'à aujourd'hui, les Haïtiens ont constamment tourné leur regard vers Dieu, tant dans les moments de crise que dans ceux d'espérance. La victoire de 2025 s'est inscrite dans ce même rythme ancestral. Des familles entières ont prié pour l'équipe ; des églises ont organisé des journées d'action de grâce ; des pasteurs ont déclaré que Dieu utilisait ces jeunes joueurs pour envoyer un message : « Levez-vous à nouveau. » À travers le pays, la victoire fut accueillie comme une bénédiction collective — un signe que la souffrance d'Haïti n'est pas l'épilogue de son histoire.

Cette profondeur spirituelle a transformé la victoire en un moment d'éveil. Elle a rappelé que l'identité haïtienne repose non seulement sur la lutte, mais aussi sur une résilience sacrée. Elle a lancé un appel puissant : reconnecter la foi à l'action, la prière à un but, l'espérance à la reconstruction. Ce qui s'est produit sur le terrain était remarquable, mais pour beaucoup d'Haïtiens, quelque chose de plus profond semblait se déployer dans l'âme du pays. Ainsi, au-delà de l'exploit sportif, la victoire de 2025 a marqué un éveil intérieur, révélant une identité haïtienne enracinée dans une résilience à la fois spirituelle et active—une dynamique qui s'est exprimée et renforcée à travers le rôle des églises et des leaders communautaires.

Le rôle des églises et des leaders communautaires

Les communautés de foi n'ont pas simplement célébré : elles ont interprété, amplifié et orienté le sens de la victoire. Dans plusieurs églises, la qualification de l'équipe nationale fut mentionnée dans les prédications et dans les paroles de reconnaissance adressées à Dieu. Lors d'une congrégation à laquelle j'étais présent le dimanche suivant, le prédicateur exprima cette conviction : « Si Dieu a permis cela, il peut encore accomplir de plus grandes choses pour Haïti. » Des chants d'action de grâce s'élevaient, des prières profondes étaient offertes, et des prédications vibrantes affirmaient que Dieu avait encore des projets pour Haïti. Pour beaucoup, la victoire était un souffle nouveau envoyé à un peuple fatigué. Là où certains ne voyaient qu'un match, les croyants ont discerné un message : « Haïti peut renaître. »

Dans un pays où tant d'institutions sont fragilisées, l'Église reste un pilier solide — un refuge moral, spirituel et émotionnel. Elle forme les consciences, protège les familles et favorise la cohésion sociale. Pendant et après la victoire, les leaders religieux ont rappelé que l'unité, la discipline, la solidarité et le respect ne sont pas de simples valeurs sportives : ce sont des valeurs spirituelles nécessaires à la reconstruction nationale. Ils ont exhorté la jeunesse à transformer l'inspiration en responsabilité ; ils ont encouragé les adultes à collaborer pour rebâtir le pays.

Les leaders communautaires — enseignants, entraîneurs, éducateurs et organisateurs de quartier — ont également joué un rôle essentiel. Ils ont saisi ce moment pour raviver l'ambition chez les jeunes, redonner de l'énergie aux familles et encourager l'engagement civique. Certains ont créé des programmes sportifs afin de canaliser l'énergie des jeunes vers la discipline et le travail d'équipe ; d'autres ont organisé des dialogues communautaires autour du respect, de l'engagement civique et de la responsabilité partagée. Dans plusieurs communautés, des rassemblements informels ont eu lieu dans les cours d'école, les églises et les centres de quartier, où les citoyens ont discuté de la manière de mettre en pratique l'unité, la discipline et la responsabilité civique au quotidien. Grâce à leur leadership, la victoire n'est pas restée un simple moment de joie ; elle est devenue une étincelle qui a suscité de nouvelles initiatives et de nouvelles mentalités.

Ce moment a démontré que même dans un pays épuisé par les épreuves, une expérience de joie collective peut raviver la confiance et mobiliser l'action—une dynamique que le football, par sa nature rassembleuse, permet de transformer en un pont entre les divisions sociales.

Le football comme pont entre les divisions sociales

L'un des effets les plus extraordinaires du triomphe de 2025 a été sa capacité à effacer les barrières. Ce soir-là, Haïti n'était plus divisée par les classes sociales, les régions, les idéologies ou les affiliations politiques. Dans les rues de Port-au-Prince, Cap-Haïtien, Jacmel, Les Cayes, Gonaïves et même dans la diaspora — Miami, Montréal, Paris, Santiago, São Paulo — les Haïtiens ont vibré ensemble. Riches et pauvres, ruraux et urbains, croyants et sceptiques, jeunes et personnes âgées, diaspora et locaux : tous étaient unis sous le même drapeau, la même chanson et les mêmes larmes de joie.

Le football est devenu un langage universel, un pont reliant des personnes qui, dans la vie quotidienne, n'auraient peut-être jamais échangé un mot. À cet instant, les Haïtiens se sont redécouverts les uns les autres. Ils ne voyaient plus d'étrangers ni d'adversaires ; ils voyaient des frères et des sœurs partageant la même histoire, porteurs des mêmes luttes et gardiens du même rêve. La joie — les danses, les tambours, les chants, les embrassades et les prières spontanées — a créé un espace presque sacré où les différences se sont estompées et l'identité a brillé.

Ce moment a révélé une vérité profonde : Haïti n'est pas divisé par le destin — elle l'est par l'habitude. Les murs qui séparent les communautés ne sont pas faits de pierre ; ils sont construits de méfiance, de peur, de fatigue et de conflits hérités. La victoire a prouvé que ces murs peuvent tomber lorsque la nation trouve un objectif commun et une joie partagée. Si cette unité — ressentie avec tant de force lors de la célébration — pouvait s'étendre aux écoles, aux lieux de travail, aux institutions et aux quartiers, elle deviendrait l'une des forces les plus transformatrices pour la reconstruction d'Haïti.

L'unité n'est pas seulement une émotion ; elle est une discipline, un choix et un engagement capables de transformer une nation—et de raviver un sentiment partagé de citoyenneté fondé sur la responsabilité, l'appartenance et le bien commun.

La redécouverte de la citoyenneté

Au cœur d'une unité durable se trouve une vertu fondamentale : le respect. La célébration de 2025 a révélé que les Haïtiens possèdent une capacité profonde et intrinsèque à s'honorer mutuellement. Ce respect a émergé spontanément lorsque chacun s'est reconnu dans une identité et une fierté partagées. Des inconnus se sont embrassés. D'anciennes tensions se sont apaisées. Des communautés, souvent séparées par la méfiance, se sont retrouvées pour célébrer côte à côte. Le respect n'a pas été imposé ; il a émergé naturellement de la reconnaissance d'une appartenance commune.

Le respect constitue un fondement essentiel des sociétés stables et fonctionnelles. Il crée un espace propice à la collaboration, au dialogue constructif, à la résolution de problèmes et à l'établissement de la confiance. Lorsque le respect s'érode, le tissu social s'affaiblit — la communication se fragilise, la suspicion s'intensifie et la cohésion diminue. Pourtant, la victoire a révélé que les Haïtiens aspirent à la dignité, recherchent la reconnaissance et souhaitent évoluer dans un environnement où les différences ne sont pas perçues comme des menaces, mais comme des opportunités de croissance et de compréhension.

Ce moment a également démontré que le respect commence par la visibilité. Lorsque les individus se sentent vus, valorisés et inclus, l'hostilité laisse place à la coopération. La célébration a offert un aperçu concret de ce que peut devenir la vie civique lorsque l'empathie remplace la rivalité et que l'appartenance commune l'emporte sur la division sociale.

Si cette culture du respect mutuel devenait une pratique quotidienne — au sein des familles, des écoles, des lieux de travail, des institutions publiques et des communautés — Haïti pourrait connaître une transformation d'une ampleur historique. La violence pourrait diminuer, les tensions politiques s'apaiser, les liens sociaux se renforcer et la confiance se reconstruire. La victoire de 2025 a démontré que le respect n'est pas un idéal abstrait ou inaccessible pour Haïti ; il constitue une capacité déjà présente dans la culture nationale, qui, lorsqu'elle est cultivée intentionnellement, peut devenir un pilier central du renouveau et de la cohésion sociale.

Ces transformations — citoyenneté retrouvée, unité renforcée et respect mutuel — révèlent une force plus profonde encore : l'esprit qui soutient et unit une nation

Conclusion — L'Esprit qui soutient une nation

La victoire de 2025 n'a pas seulement uni Haïti pendant une nuit — elle a réveillé quelque chose de sacré, d'ancien, de profondément spirituel au cœur du pays. Elle a fait vibrer ce fil invisible qui relie Toussaint, Dessalines, Catherine Flon, Charlemagne Péralte et chaque enfant d'Haïti aujourd'hui. Par l'unité, la foi et le respect, le peuple haïtien a redécouvert l'essence de ce qu'il est : un peuple résilient, digne, passionné, façonné par la lutte mais porté par l'espérance.

Ce qui s'est produit sur le terrain était extraordinaire, mais ce qui s'est produit dans les cœurs fut miraculeux. Dans un pays marqué par la douleur et les divisions, une lumière nouvelle a percé les ombres. La victoire a montré que l'unité est possible, que la foi n'est pas une faiblesse, et que l'esprit haïtien — malgré les siècles d'épreuves — demeure indestructible. Elle a rappelé que l'avenir n'est jamais perdu tant qu'un peuple choisit de croire, de se relever et de marcher ensemble.

Mais cette révélation implique une responsabilité. Un moment d'unité peut illuminer une nuit ; seule une décision collective peut éclairer une génération.

Ainsi, la nation se retrouve face à trois questions essentielles :

Haïti préservera-t-elle cette unité ?

Cultivera-t-elle cette fois ?

Protégera-t-elle cet esprit qui refuse de mourir ?

Et au milieu de ces questions, une voix ancienne traverse les siècles — une voix de rappel, d'avertissement, mais aussi de promesse :

« Si mon peuple, sur qui est invoqué mon nom, s'humilie, prie et cherche ma face, et s'il se détourne de ses mauvaises voies, je l'exaucerai des cieux, je lui pardonnerai son péché et je guérirai son pays. »

(2 Chroniques 7 :14, NIV)

Ce verset n'est pas un ordre distant.

C'est une invitation :

À la guérison.

À la restauration.

À la renaissance d'un peuple et d'une terre.

C'est un appel à choisir l'humilité plutôt que l'orgueil, l'unité plutôt que la division, la repentance plutôt que le déni et la foi plutôt que la peur.

Si Haïti répond à cet appel — par l'humilité, l'unité, la repentance et une foi renouvelée — alors la victoire de 2025 deviendra bien plus qu'un souvenir. Elle deviendra l'étincelle d'un renouveau spirituel, le fondement d'un civisme retrouvé et le commencement d'Haïti que tant de générations ont espéré sans le voir naître.

Répondrons-nous à l'appel ?

RÉFLEXION

Le regard du monde ne définit pas une nation, mais il révèle souvent ce que cette nation choisit de montrer. Haïti n'est pas ce que le monde voit —elle est ce qu'elle décide de devenir.

Chapitre 9

Haïti aux yeux du monde

L La victoire d'Haïti en 2025 n'est pas restée confinée à ses frontières — elle a traversé les continents, bouleversant les perceptions et captivant l'imaginaire mondial. Pendant des décennies, les récits internationaux sur Haïti ont été dominés par les crises, les catastrophes et l'instabilité. Mais en ce moment historique, quelque chose d'extraordinaire s'est produit : le monde s'est arrêté, a regardé — et a applaudi. Des nations qui ne voyaient Haïti qu'à travers le prisme de l'aide humanitaire ont soudain découvert la résilience, la discipline et l'éclat. Les médias ont changé de ton. Les commentateurs ont parlé avec admiration. Des inconnus aux quatre coins du globe ont agité le drapeau haïtien. Le triomphe sur le terrain est devenu un triomphe dans la perception mondiale, révélant une Haïti que le monde avait oubliée — une Haïti capable d'inspirer, de surprendre et d'unir. C'est dans cette atmosphère de respect renouvelé que s'est forgée la réaction internationale.

Réactions internationales : quand le monde observe

La réaction mondiale à la victoire d'Haïti en 2025 fut immédiate, enthousiaste et, sous bien des aspects, sans précédent. Des nations qui avaient longtemps observé Haïti à travers un regard réducteur furent soudain confrontées à un récit profondément renouvelé — marqué par l'excellence, la discipline et la fierté nationale. Des commentateurs d'Europe, d'Amérique latine, d'Afrique et des Caraïbes ont exprimé leur admiration non seulement pour la performance sportive, mais aussi pour la portée émotionnelle et symbolique de cette victoire. Le triomphe haïtien revêtait une dimension presque historique, rappelant aux observateurs internationaux que même les nations durablement confrontées à l'adversité peuvent émerger avec une force remarquable. Les applaudissements internationaux, les réseaux sociaux en effervescence et les messages diplomatiques ont contribué à une transformation perceptible des représentations en temps réel. Ce moment a illustré la capacité d'un événement symbolique à redéfinir les représentations internationales d'une nation.

Les analystes sportifs ont souligné l'intelligence tactique, la coordination et la résilience de l'équipe haïtienne. Beaucoup ont reconnu avoir sous-estimé Haïti, en présumant que l'insuffisance des infrastructures limitait sa capacité à rivaliser au plus haut niveau. La victoire a mis en évidence un biais structurel persistant dans les perceptions globales : l'assimilation de l'instabilité politique à une incapacité nationale. En réalité, Haïti a démontré que le talent, la rigueur et l'excellence peuvent émerger même dans des contextes contraints. Ce moment a conduit les observateurs internationaux à reconsidérer les cadres d'interprétation dominants et à reconnaître que la force d'une nation ne se mesure pas uniquement à ses ressources matérielles, mais aussi à son identité collective, à sa résilience et à sa détermination.

Au-delà du sport, des dirigeants politiques et des organisations internationales ont réagi à cet événement. Des messages de félicitations ont afflué de la part de gouvernements, d'ambassades et d'institutions multilatérales. Un pays souvent évoqué dans des contextes humanitaires a été, pour une fois, présenté sous l'angle du leadership, de l'inspiration et de l'unité. Les grands journaux ont titré « Le miracle haïtien », « L'ascension de l'outsider » ou encore « L'équipe qui a secoué le monde ». Haïti n'était plus une note marginale — elle occupait désormais le centre du récit. Ce basculement témoigne d'une évolution plus large du discours international : la volonté croissante de reconsidérer l'image d'Haïti.

Ce qui a rendu ce moment véritablement transformateur ne réside pas uniquement dans les éloges, mais dans le respect qu'il a suscité. Pour la première fois depuis longtemps, Haïti n'était plus présentée comme une victime ou une tragédie, mais comme un symbole — celui de la persévérance, de l'espoir et de la réussite face à l'adversité. Elle était célébrée, admirée et respectée. Dans ce regard mondial renouvelé, Haïti a redécouvert une image d'elle-même fondée sur la dignité, la force et la capacité à se projeter vers l'avenir. Cette reconnaissance internationale n'a pas seulement transformé la perception extérieure ; elle a également contribué à restaurer un sentiment d'identité nationale, de fierté historique et de légitimité, longtemps affaibli par des décennies de récits dominants centrés sur la crise.

L'identité haïtienne mondiale : une fierté réanimée au-delà des frontières

Pour les Haïtiens vivant à l'étranger, la victoire de 2025 a suscité une réponse à la fois émotionnelle et symbolique d'une grande intensité. Beaucoup s'étaient peu à peu habitués à défendre l'image de leur pays face à des stéréotypes persistants, façonnés par des récits internationaux centrés sur les crises, les catastrophes et l'instabilité. La victoire a cependant perturbé ces représentations dominantes, marquant un moment de reconfiguration identitaire. Les Haïtiens de la diaspora se sont alors sentis davantage reconnus, valorisés et représentés sur la scène mondiale. Dans des villes telles que Paris, New York, Montréal, Miami ou Santiago, l'identité haïtienne — longtemps alourdie par des perceptions extérieures réductrices — s'est progressivement redéfinie comme une source de fierté, de force et de légitimité culturelle.

Avec une population estimée entre trois et quatre millions d'Haïtiens vivant à l'étranger — l'une des diasporas les plus dispersées de la région caribéenne — l'impact émotionnel et symbolique de cette victoire s'est étendu bien au-delà des frontières nationales. Cette réaction souligne le caractère profondément transnational de l'identité haïtienne, qui se maintient et se transmet par une mémoire collective, une histoire partagée et des liens culturels durables.

La communauté haïtienne mondiale a ainsi connu une forme d'éveil collectif. Des drapeaux haïtiens sont apparus aux fenêtres, sur les véhicules, dans les commerces et sur les campus à travers plusieurs continents. Les parents de la diaspora ont transmis l'histoire d'Haïti à leurs enfants avec une confiance renouvelée, tandis que de nombreux jeunes, auparavant hésitants à affirmer leurs origines, ont commencé à embrasser pleinement leur héritage. La victoire a contribué à transformer la perception identitaire : être haïtien n'était plus perçu comme un fardeau à justifier, mais comme un héritage à revendiquer — porteur de résilience, de créativité et de richesse historique.

À travers le monde, des communautés ont organisé des rassemblements spontanés illustrant à la fois une fierté culturelle et une cohésion sociale renouvelée. À Brooklyn, des milliers de personnes ont investi les rues pour une célébration collective. À Montréal, les espaces communautaires et les établissements haïtiens sont devenus des lieux d'expression identitaire. Au Chili, où de nombreux migrants haïtiens avaient été confrontés à des formes de marginalisation, la victoire a constitué un moment d'affirmation et de visibilité. Ces mobilisations ont révélé une réalité essentielle : malgré la dispersion géographique, la diaspora haïtienne demeure unie par un cadre symbolique et émotionnel commun. Haïti ne se limite pas à un territoire ; elle constitue une identité vivante, portée et réinventée au-delà de ses frontières.

L'un des effets les plus significatifs de cette victoire réside dans la restauration émotionnelle qu'elle a favorisée au sein des familles de la diaspora. Pour de nombreuses générations qui ont quitté le pays en raison de contraintes économiques ou politiques, cet événement a ravivé un sentiment d'espoir et de possibilité. Il a relancé des aspirations liées au retour, à l'investissement et à la reconnexion à la nation d'origine. Plus fondamentalement, il a contribué à déconstruire des récits déficitaires en réaffirmant que l'identité haïtienne ne se réduit pas à ses difficultés, mais s'enracine dans la force et la continuité de son peuple — où qu'il se trouve. Dans ce contexte, une identité haïtienne mondiale renouvelée a émergé : fière, unie, digne et tournée vers l'avenir. Cette identité renouvelée ne s'est pas limitée à une prise de conscience symbolique ; elle s'est traduite par une mobilisation concrète de la diaspora, marquant l'émergence d'une dynamique collective à l'échelle mondiale.

Célébration et mobilisation de la diaspora : l'éveil mondial du peuple haïtien

La célébration s'est rapidement transformée en mobilisation. Les organisations haïtiennes à l'étranger ont compris que la victoire représentait bien plus qu'un simple moment de joie — elle constituait une véritable opportunité. Des leaders communautaires, des entrepreneurs, des pasteurs, des éducateurs et des jeunes professionnels ont perçu ce triomphe comme un catalyseur pour renforcer les réseaux haïtiens à travers le monde. Ils ont commencé à réfléchir à la manière de soutenir Haïti de manière plus intentionnelle, de collaborer au-delà des frontières et de transformer la fierté nationale en contributions concrètes à la reconstruction du pays.

Dans des villes d'Amérique du Nord et d'Europe, des groupes de la diaspora ont organisé des événements culturels, des collectes de fonds et des forums communautaires stratégiques axés sur l'avenir d'Haïti. Ils voyaient dans cette victoire la preuve qu'Haïti possède encore un immense talent et un potentiel considérable — un potentiel qui peut être nourri grâce à l'engagement de la diaspora, aux investissements et aux échanges de connaissances. Pour beaucoup, cet événement a ravivé un profond sens du devoir. Ils se sont sentis appelés non seulement à célébrer Haïti, mais aussi à renforcer ses institutions, à soutenir sa jeunesse et à investir dans sa stabilité à long terme. Leur enthousiasme s'est révélé contagieux, se propageant à travers les continents comme une vague de renouveau et de détermination.

La mobilisation ne s'est pas limitée aux organisations traditionnelles. De jeunes Haïtiens sur les réseaux sociaux ont lancé des campagnes pour mettre en valeur l'art, la musique, l'entrepreneuriat et l'innovation haïtienne. Des milliers de personnes ont commencé à partager des histoires d'excellence haïtienne, tant historiques que contemporaines. La victoire leur a rappelé qu'ils font partie d'une diaspora mondiale riche en influence, en créativité, en expertise professionnelle et en puissance économique. Elle les a rassemblés autour d'un objectif commun : valoriser l'image d'Haïti et contribuer à son renouveau.

Des entrepreneurs ont discuté d'opportunités d'investissement. Des éducateurs ont exploré des partenariats académiques. Des communautés de foi ont coordonné des actions humanitaires. Des professionnels de la médecine, de l'ingénierie et de la technologie ont commencé à concevoir des moyens de transférer leurs compétences et de renforcer les capacités du pays. Ce qui a émergé dépassait la simple célébration ; c'était l'ébauche d'une collaboration transnationale.

Pour la première fois depuis des années, un sentiment d'alignement se manifeste entre les Haïtiens du pays et ceux de la diaspora. La victoire a réduit la distance émotionnelle qui sépare souvent l'île de sa diaspora. Soudain, ils formaient à nouveau un seul peuple — célébrant ensemble, rêvant ensemble, planifiant ensemble. La mobilisation qui a suivi n'était pas seulement culturelle ; elle l'était aussi stratégique. Elle suggérait l'émergence d'une force civique haïtienne mondiale capable d'influencer les récits, de mobiliser des ressources et de contribuer au renouveau national. Elle laissait entrevoir la possibilité d'une renaissance haïtienne mondiale, fondée sur la fierté, le sens du devoir et l'action collective.

Couverture médiatique et nouvelle image : de la tragédie au triomphe

La couverture médiatique internationale a joué un rôle déterminant dans la transformation de l'image d'Haïti à l'échelle mondiale. Des chaînes qui diffusaient autrefois des images de catastrophes ont commencé à diffuser des scènes de célébration, d'unité et de fierté nationale. Le ton médiatique s'est progressivement modifié : les présentateurs ont adopté une posture d'admiration, les analystes ont mis en avant la discipline et la cohésion de l'équipe, et les commentateurs ont qualifié la victoire d'« historique », d'« inspirante » et de « révélatrice du potentiel d'Haïti ». Pour la première fois depuis longtemps, Haïti occupait l'espace médiatique non en raison d'une crise, mais à la suite d'un accomplissement.

Les grands journaux internationaux ont publié des articles qui dépassent les récits centrés sur la catastrophe pour mettre en lumière la profondeur historique, la richesse culturelle et la créativité du peuple haïtien. Cette évolution du traitement médiatique revêt une importance majeure. Les médias façonnent les perceptions, qui influencent directement les opportunités. En présentant Haïti comme une nation porteuse de force, de résilience et de potentiel, les médias ont contribué à ouvrir de nouveaux espaces — à la fois psychologiques, diplomatiques et économiques.

Dans le prolongement de cette dynamique, des documentaires, des interviews et des analyses ont émergé à l'échelle internationale. Les journalistes ne se déplaçaient plus uniquement pour documenter la souffrance, mais aussi pour observer et comprendre les dynamiques d'espoir. Ils ont rencontré de jeunes athlètes, des familles, des éducateurs et des leaders communautaires, révélant une réalité plus nuancée : celle d'un peuple prêt à se relever, d'une société lassée d'être définie par ses difficultés, et d'un avenir encore fragile, mais porteur de possibilités concrètes.

Cette évolution médiatique a entraîné une transformation progressive de l'opinion internationale. Des publics qui associaient jusque-là Haïti uniquement à des situations de crise ont commencé à percevoir la richesse, la complexité et l'humanité de la société haïtienne. La victoire a ainsi entraîné une réévaluation des cadres d'interprétation dominants. Une nouvelle image d'Haïti a émergé — fondée sur la dignité, la résilience et la capacité d'accomplissement.

Dans ce processus, Haïti a retrouvé quelque chose d'essentiel : sa voix. Cette reconnaissance marque une rupture symbolique avec des décennies de récits réducteurs et univoques. Elle permet à la nation de se présenter au monde selon ses propres termes, et non plus à travers les filtres de la pitié ou de la marginalisation. En réinvestissant son récit, Haïti affirme sa position non seulement en tant qu'objet d'attention internationale, mais aussi en tant qu'acteur légitime de sa propre représentation. Cette reconquête de la parole et de la représentation ouvre désormais la voie à une question plus large : celle de la place d'Haïti dans l'espace mondial et de son retour progressif à une visibilité internationale renouvelée.

Sortir de la marginalité : un retour à la visibilité mondiale

Pendant des décennies, Haïti a occupé une position marginale dans l'attention internationale — visible, mais mal comprise ; reconnue, mais rarement pleinement respectée. La victoire de 2025 a profondément bouleversé cette dynamique. Elle a replacé Haïti au cœur de la conversation mondiale, non plus comme une victime, mais comme une expression de résilience, de capacité et de renouveau. Des nations qui avaient longtemps ignoré sa complexité ont commencé à reconnaître son influence culturelle, son héritage révolutionnaire et son potentiel durable. Haïti n'était plus simplement visible ; elle était redéfinie comme une nation porteuse de dignité, d'excellence et de possibilité.

La reconfiguration du positionnement d'Haïti dans les représentations internationales a eu une profonde portée émotionnelle et symbolique pour les Haïtiens à travers le monde. Elle a marqué la fin d'une longue ombre. Pendant trop longtemps, Haïti avait été réduite à des représentations simplistes, privée de sa complexité et de sa richesse. La victoire a contribué à restaurer cette profondeur. Elle a rappelé au monde qu'Haïti n'est pas seulement un espace de difficultés — mais aussi le berceau d'une révolution qui a transformé l'histoire de l'humanité, une source de créativité artistique et une nation portée par une résilience remarquable. Ce qui a émergé n'était pas une nouvelle Haïti, mais une compréhension renouvelée d'un pays dont la richesse avait été occultée par des récits de crise.

Cette visibilité retrouvée a suscité un regain de curiosité à l'échelle mondiale. Des publics internationaux ont cherché à mieux comprendre Haïti — son histoire, sa culture, sa musique, sa cuisine, ses traditions spirituelles et ses expressions créatives. Des universités, des institutions culturelles et des médias ont accru leur intérêt pour les études haïtiennes et les initiatives culturelles. Cette dynamique a ouvert des opportunités concrètes en matière d'échanges culturels, de tourisme, d'investissement et de diplomatie. La présence internationale d'Haïti n'était plus exclusivement associée aux catastrophes ; elle s'inscrivait désormais dans des registres d'espoir, d'héritage et de résilience humaine. Or, ces nouvelles représentations favorisent l'engagement, stimulent les partenariats et élargissent les perspectives de coopération.

La visibilité revêt également une valeur stratégique. Les nations qui sont vues ont davantage de chances d'être entendues ; celles qui sont entendues ont davantage de chances d'être reconnues et respectées. La présence renouvelée d'Haïti dans les discours internationaux a contribué à renforcer sa diplomatie culturelle et à réaffirmer son importance historique et géopolitique dans les Caraïbes ainsi que dans la diaspora africaine élargie.

Plus fondamentalement encore, la sortie d'Haïti de la marginalité a permis de restaurer une valeur essentielle : la dignité nationale. La visibilité constitue une forme de pouvoir, tout comme la reconnaissance. Lorsque le monde vous voit, votre perception de vous-même se transforme. La victoire a ainsi contribué à éveiller un nouveau sentiment collectif — la conviction que la nation peut reprendre sa place, non seulement dans la région caribéenne, mais aussi sur la scène mondiale. Haïti s'est tenue avec une présence renouvelée. Et dans cette posture de dignité retrouvée, elle a marqué l'entrée dans une nouvelle phase de son histoire. Cette visibilité renouvelée a culminé en un moment de reconnaissance mondiale, où Haïti n'a pas seulement été vue, mais aussi reconnue comme une nation en train de se relever sous les yeux du monde.

Quand le monde a vu Haïti se lever

La victoire de 2025 a dépassé le cadre du sport ; elle a contribué à redéfinir la place d'Haïti dans l'ordre mondial. Pour la première fois depuis longtemps, l'attention internationale s'est détournée des récits de souffrance pour reconnaître les forces du pays. La communauté internationale a ainsi reconnu ce que les Haïtiens savaient déjà : que cette nation est façonnée par de profonds réservoirs de talent, une résilience remarquable et une dignité durable. Aux yeux du monde, Haïti a commencé à émerger non pas comme une terre de tragédie, mais comme un symbole de persévérance et de force morale. En cet instant, Haïti a retrouvé sa visibilité, son respect et une présence renouvelée dans l'imaginaire mondial.

Cependant, la transformation la plus significative s'est produite au sein du peuple haïtien lui-même. À travers les continents, la diaspora a ressenti un renouveau du sentiment d'appartenance et de fierté. Des familles ayant quitté le pays il y a plusieurs décennies ont réactivé un lien vivant avec leur terre d'origine. Des jeunes nés à l'étranger ont reconfiguré leur rapport à leur identité. En Haïti même, la victoire a activé à la fois la mémoire et la projection — la mémoire d'un peuple qui a façonné l'histoire et la vision d'une nation capable de se reconstruire avec cohérence, force et dignité.

La réponse internationale a véhiculé un message implicite mais puissant : Haïti n'est pas destinée à demeurer dans l'ombre. Elle a la capacité de se relever, de rayonner et d'influencer. Le monde a observé les effets concrets de l'unité, de la discipline et d'un objectif partagé — et Haïti elle-même a commencé à intégrer cette réalité. Ce moment constitue ainsi un point d'inflexion majeur. Pour une nation, être vu crée des opportunités ; pour un peuple, la fierté génère un élan collectif. Pour Haïti, cette victoire a ouvert la voie à un repositionnement durable sur la scène internationale.

Si cette dynamique se maintient, la victoire de 2025 ne restera pas un événement isolé. Elle pourrait constituer le fondement d'un processus plus large de renouveau national, structuré par l'identité, l'action collective et une vision à long terme.

Voici quelques questions pour stimuler votre réflexion :

- Haïti saura-t-elle saisir pleinement ce moment où le monde la regarde ?
- Maintenant que le monde a redécouvert Haïti, la nation saura-t-elle se redécouvrir elle-même ?

Conclusion : Une nation reconnue, une nation en ascension

La victoire d'Haïti en 2025 a fait bien plus que surprendre le monde — elle a transformé les perceptions. En un moment historique, la nation est sortie de l'ombre de l'attention mondiale et a retrouvé une place qu'elle n'avait plus occupée depuis des générations : celle de l'admiration, de la dignité et du respect. Les réactions internationales ont révélé ce que les Haïtiens avaient toujours su, mais que le monde avait trop souvent négligé — qu'au cœur des épreuves vit un peuple doté d'une résilience, d'un talent et d'une intelligence remarquables.

À travers les continents, ce triomphe a profondément reconfiguré les récits qui avaient longtemps enfermé Haïti dans une histoire de tragédie et de malheur. Des nations qui, autrefois, percevaient Haïti à travers un prisme réducteur ont commencé à reconnaître sa discipline, son intelligence et son courage. La diaspora a vu son identité se renouveler et se renforcer : elle n'était plus seulement la défenseure d'une patrie mal comprise, mais devenait l'ambassadrice assurée d'un héritage marqué par la résilience et l'excellence. Les médias internationaux ont contribué à redéfinir l'image d'Haïti, non plus comme un symbole de crise, mais comme une source d'inspiration. Pour la première fois depuis des années, Haïti n'était plus expliquée — elle était célébrée.

Ce moment a résonné bien au-delà des stades et des manchettes. Il s'est manifesté dans les espaces diplomatiques, dans les institutions éducatives et culturelles, dans les rues de Brooklyn et de Montréal, et dans le regard d'enfants qui ont enfin vu leur héritage honoré sur la scène mondiale. La reconnaissance internationale n'a pas seulement élevé l'image d'Haïti — elle a aussi contribué à réaffirmer son humanité, à restaurer la dignité de son récit et à ouvrir de nouvelles perspectives d'échanges culturels, économiques et diplomatiques.

Cependant, la transformation la plus profonde ne s'est pas produite à l'étranger. Elle s'est opérée au sein du peuple haïtien lui-même. Le changement le plus significatif ne réside pas dans la manière dont le monde perçoit Haïti, mais dans la manière dont les Haïtiens ont commencé à se percevoir eux-mêmes. Avec cette visibilité retrouvée, de nouvelles possibilités ont émergé. La nation a redécouvert sa voix, sa valeur et sa place légitime au sein de la communauté internationale. Ce qui s'est rouvert n'était pas seulement une opportunité — c'était un horizon.

Une porte, longtemps entravée par les difficultés, s'est progressivement entrouverte.

Désormais, la question pour Haïti n'est plus de savoir si le monde la verra différemment — il la voit déjà autrement. La véritable question est la suivante :

Comment Haïti transformera-t-elle ce respect retrouvé en progrès durable, ce partenariat mondial en développement national, et cette dignité restaurée en un avenir à la hauteur de son histoire et de son peuple ?

La réponse à cette question déterminera si Haïti s'engage dans un tournant décisif de sa trajectoire nationale.

Partie IV
Le tournant

RÉFLEXION

La victoire n'est pas une fin ; elle est un commencement.
Ce qui suit déterminera si elle restera un souvenir
Ou deviendra un tournant.

Chapitre 10

Le tournant : Que se passe-t-il après la victoire ?

CCertaines victoires se concluent par une célébration, tandis que d'autres marquent le début d'une transformation. Le triomphe historique d'Haïti en 2025 n'a pas seulement clos un chapitre — il a ouvert une porte. Il a réveillé la nation, uni la diaspora et changé la perception du monde. Pourtant, chaque grand éveil soulève une question essentielle : que se passe-t-il ensuite ?

Ce chapitre examine le carrefour stratégique où se trouve aujourd'hui Haïti — entre la persistance des schémas du passé et l'émergence d'un avenir renouvelé. La victoire a mis en lumière le potentiel de la nation, mais, à lui seul, ce potentiel ne constitue pas une destinée. Il doit être revendiqué intentionnellement, structuré, protégé et porté avec détermination. Les moments d'éveil national sont rares ; lorsqu'ils surviennent, ils exigent une action délibérée plutôt que de l'admiration passive. Ce tournant dépasse le cadre du football : il engage la conscience nationale, le renouveau social et la responsabilité collective. Les choix qu'Haïti fera à partir de ce moment détermineront la trajectoire des générations à venir. C'est précisément dans ce contexte que se dessine une opportunité rare

— un moment décisif que la nation ne peut se permettre de laisser s'échapper.

La fenêtre d'opportunité : un moment à ne pas perdre

Dans l'histoire de chaque nation, il existe des moments rares où le temps semble suspendu — des instants où tout paraît possible, où l'énergie du peuple s'aligne et où l'espoir devient une force motrice. La victoire d'Haïti a créé l'un de ces moments. Les rues se sont remplies de fierté, les communautés se sont unies sans contrainte, et le monde entier a applaudi une nation longtemps incomprise. C'est précisément dans cet alignement exceptionnel que réside toute la portée de ce moment historique.

Pendant un instant, les Haïtiens ont connu un alignement entre l'émotion nationale, le respect international et l'aspiration collective — une convergence que l'histoire ne répète que rarement. Cet alignement est rare ; il représente une opportunité stratégique. Toutefois, cette convergence, aussi puissante soit-elle, demeure fragile et temporaire.

Cependant, les fenêtres d'opportunité ne restent pas ouvertes indéfiniment. Les nations qui n'agissent pas à de tels moments voient souvent ces occasions disparaître et se réduire à de simples récits de ce qui « aurait pu être ». Dès lors, la véritable question ne réside plus dans l'émotion du moment, mais dans la capacité à en assurer la continuité.

Le défi n'est donc pas seulement de célébrer, mais de transformer l'émotion de la victoire en action. Cela implique une transformation concrète des sentiments collectifs en actions structurelles :

L'espoir doit devenir politique.
L'unité doit devenir pratique.
La fierté doit devenir une responsabilité.
L'élan doit devenir un progrès mesurable.

Dans ce contexte inédit, une nouvelle responsabilité émerge. Pour la première fois depuis de nombreuses années, Haïti bénéficie à la fois de l'attention de son peuple et du respect du monde. C'est un moment qui exige une clarté absolue : que veut devenir Haïti au cours de la prochaine décennie ? Quel héritage cette génération souhaite-t-elle léguer ? Cette victoire restera-t-elle un souvenir, ou deviendra-t-elle le fondement d'un renouveau national ?

L'issue de ce moment dépend désormais des choix qui seront faits. Si Haïti saisit cette opportunité — par le leadership, la responsabilité civique et la participation collective — la victoire pourra devenir l'étincelle d'une renaissance nationale. Dans le cas contraire, elle risque de n'être qu'un beau souvenir sans impact durable.

Par conséquent, la portée de cet instant dépasse largement la simple célébration. Ce moment doit être considéré comme une mission sacrée : une occasion de recommencer, de réimaginer et de reconstruire l'avenir de la nation. L'histoire offre rarement à une nation la possibilité de redéfinir sa trajectoire en l'espace d'une génération ; celle-ci en est une. Le monde observe, mais, plus encore, la prochaine génération observe. Ce moment décisif appelle désormais une forme de leadership capable de transformer l'espoir en un changement durable. C'est dans ce cadre exigeant que la question du leadership devient centrale.

Le leadership à la croisée des chemins : un appel à la vision, à la discipline et au courage

La victoire a révélé une vérité profonde : lorsque les Haïtiens s'unissent autour d'un objectif commun, ils peuvent accomplir l'extraordinaire. Mais l'unité ne se maintient pas seule ; elle doit être guidée, protégée et orientée. Haïti se trouve désormais à un carrefour qui exige un nouveau type de leadership — visionnaire, éthique, discipliné et fondé sur le service plutôt que sur le pouvoir.

Pendant des décennies, la dysfonction politique a affaibli la confiance nationale et fracturé les liens sociaux. La victoire a fissuré ce cynisme. Elle a rappelé à la nation que le leadership n'est pas une question d'autorité, mais de direction.

Ce dont Haïti a besoin aujourd'hui, ce sont des dirigeants capables de traduire les leçons de l'équipe nationale en principes nationaux : discipline, structure, préparation, responsabilité et unité. Ces valeurs ne sont pas des théories abstraites ; elles constituent le véritable plan de la victoire.

L'équipe a montré que le leadership ne repose pas sur les discours, mais sur la constance ; non sur les slogans, mais sur les systèmes ; non sur la popularité, mais sur le sacrifice. Il s'agit de créer les conditions dans lesquelles les citoyens peuvent s'épanouir, où les institutions fonctionnent et où la confiance peut être restaurée.

Un véritable leadership exigera le courage d'affronter la corruption, la discipline nécessaire pour renforcer les institutions, l'humilité d'écouter les citoyens et la vision de privilégier le progrès national à long terme plutôt que les gains politiques à court terme. Sans un tel leadership, l'espoir s'éteint. Avec lui, la transformation devient possible.

La victoire a également révélé une autre vérité qu'Haïti ne peut plus ignorer : le leadership doit émerger de tous les secteurs de la société — des écoles, des églises, des communautés, des organisations de jeunesse, des réseaux de la diaspora et des milieux professionnels. Une nation ne se transforme pas seulement grâce à quelques dirigeants politiques ; elle se transforme grâce à l'émergence d'une véritable culture du leadership.

Chaque Haïtien qui croit en l'avenir du pays doit devenir partie prenante de cette culture. Les enseignants qui incarnent l'intégrité, les pasteurs qui cultivent la responsabilité morale, les entrepreneurs qui créent des opportunités et les parents qui transmettent la discipline contribuent tous à orienter la nation.

Cette invitation à l'engagement collectif marque un véritable carrefour national : le leadership retombera-t-il dans ses anciennes habitudes, ou s'élèvera-t-il à la hauteur des attentes suscitées par ce moment ?

Ce chapitre pose cette question avec urgence, car les prochaines étapes d'Haïti dépendront de la qualité du leadership qu'elle choisira aujourd'hui. Les moments d'éveil exigent une réponse ; sans elle, ils se dissipent dans le regret. Cette responsabilité s'étend désormais au-delà des dirigeants pour inclure le peuple lui-même.

Une nouvelle responsabilité civique : le peuple comme architecte de l'avenir

La victoire a réveillé chez les Haïtiens quelque chose qu'ils n'avaient pas ressenti depuis des années : un sentiment d'appropriation de leur nation. Pendant trop longtemps, une grande partie de la population s'était découragée, s'était éloignée sur le plan émotionnel ou s'était désillusionnée. Mais en 2025, des millions de citoyens ont redécouvert la citoyenneté — non pas comme un simple statut juridique, mais comme un appel. Et maintenant, en ce moment décisif, cette redécouverte doit devenir un mouvement. Cette prise de conscience marque un basculement essentiel dans la relation entre le citoyen et la nation.

À partir de cette redéfinition de la citoyenneté, une responsabilité collective s'impose. Une nation ne se reconstruit pas par les seuls gouvernements ; ce sont les peuples qui la reconstruisent. La responsabilité civique commence par des choix simples : respecter les autres, participer à la vie communautaire, protéger les espaces publics, valoriser l'éducation, rejeter la violence et choisir l'intégrité. La victoire a démontré qu'Haïti est capable de discipline, d'unité et d'excellence — mais la question demeure de savoir si ces valeurs peuvent devenir des habitudes quotidiennes plutôt que de simples émotions passagères. Le renouveau national ne se maintient pas par des moments d'inspiration, mais par des pratiques de responsabilité répétées jour après jour.

L'avenir d'Haïti dépend non seulement de ses dirigeants, mais aussi de citoyens qui croient que le changement commence par eux-mêmes. Les familles construisent une société respectueuse. Les communautés construisent une société sûre. Les jeunes construisent une société pleine d'espoir lorsqu'ils choisissent la vision plutôt que le découragement. Lorsque les citoyens agissent avec responsabilité, les institutions se renforcent ; lorsqu'ils se désengagent, elles s'affaiblissent. Cette approche pragmatique représente la renaissance civique qu'Haïti doit adopter — une société où chaque citoyen se sent responsable du destin du pays.

Dès lors, l'enjeu dépasse la simple prise de conscience et entre dans le domaine de l'action. Si le peuple assume cette responsabilité, l'avenir d'Haïti ne sera pas construit par des discours, mais par des actions collectives. La victoire a ouvert un chemin ; il appartient désormais aux citoyens de l'emprunter. La question n'est plus de savoir si le changement est possible — la victoire l'a déjà prouvé.

Ainsi, une interrogation fondamentale se pose à l'échelle nationale. La véritable question est de savoir si les citoyens sont prêts à devenir les architectes d'une nouvelle Haïti. Car au-delà du moment présent, c'est la trace laissée dans le temps qui importe. L'histoire ne retiendra pas la célébration, mais ce que le peuple choisira de construire ensuite. Dans cette logique, la transformation interne conditionne également le positionnement externe de la nation. Ce que Haïti bâtira de l'intérieur déterminera la force et la sincérité des partenariats qu'elle pourra nouer au-delà de ses frontières.

Le moment global : transformer l'admiration en partenariat

La victoire d'Haïti n'a pas seulement transformé la nation de l'intérieur ; elle a aussi changé la manière dont le monde perçoit Haïti. L'admiration internationale est une force puissante, mais elle doit être exercée avec sagesse. Pendant des décennies, Haïti a été présentée sur la scène mondiale comme fragile, dépendante ou chaotique. Le triomphe de 2025 a réécrit ce récit. Soudain, Haïti est apparue comme disciplinée, résiliente, brillante et capable de dépasser les attentes. Cette reconfiguration de l'image d'Haïti ouvre désormais un champ de possibilités inédit à l'échelle internationale.

Dans ce contexte renouvelé, les dynamiques internationales commencent à évoluer. Ce changement a créé une ouverture internationale rare — une volonté de collaborer, d'investir et de soutenir Haïti dans un esprit de respect plutôt que de charité. Le respect invite à la coopération ; la dignité attire les partenariats. Cette opportunité représente le moment que Haïti doit saisir à l'échelle mondiale. Ce moment historique a accru la visibilité du pays ; il doit maintenant élever sa voix. Pour transformer l'admiration internationale en progrès concret, Haïti doit renforcer ses institutions, stabiliser ses systèmes et se présenter comme une nation prête à établir des partenariats constructifs.

Cette transformation de la perception s'accompagne d'un repositionnement des acteurs internationaux. Les communautés de la diaspora, les organisations internationales, les nations amies, les investisseurs et les réseaux culturels observent désormais Haïti avec une curiosité renouvelée. Ils voient un potentiel là où ils voyaient autrefois du désespoir. Une gouvernance transparente, des infrastructures fiables et des priorités de développement claires peuvent transformer cette bonne volonté en progrès tangibles.

Cependant, cette dynamique demeure fragile et requiert une attention constante. Mais le respect international est comme une flamme : il doit être nourri, sinon il s'éteint.

Ce tournant offre à Haïti l'occasion de définir une nouvelle identité internationale — fondée sur la coopération, le leadership, la créativité et la résilience. Si Haïti se positionne avec sagesse, l'admiration du monde pourra devenir un pont vers le développement national, l'influence culturelle et une nouvelle pertinence sur la scène internationale.

Des partenariats stratégiques dans les domaines de l'éducation, de la technologie, des énergies renouvelables, de l'agriculture et des échanges culturels pourraient transformer cette admiration en opportunités durables.

La victoire a ouvert la porte ; l'engagement continu déterminera si Haïti la franchira. C'est dans cette tension entre opportunité et responsabilité que se joue désormais le véritable sens de cette victoire.

Conclusion : Quand le monde a vu Haïti se lever — Le poids délicat d'un nouveau commencement

La victoire de 2025 est devenue bien plus qu'un exploit sportif : elle a profondément redéfini la relation d'Haïti avec le monde. Pour la première fois depuis longtemps, l'attention internationale s'est déplacée des luttes du pays vers ses forces, de ses blessures vers ses richesses. L'admiration mondiale a révélé ce que les Haïtiens avaient toujours su au plus profond d'eux-mêmes : qu'Haïti est une nation de talent profond, de résilience remarquable et de dignité indéfectible. Le monde a regardé avec émerveillement un pays souvent négligé et sous-estimé se relever avec une force remarquable, rappelant à tous que la grandeur ne dépend pas des circonstances, mais de l'esprit. À cet instant, Haïti a retrouvé une visibilité mondiale et a démontré sa capacité à inspirer des nations bien au-delà de ses frontières. Ce n'était pas seulement une victoire — c'était la restauration de sa présence et de sa voix sur la scène internationale.

Mais la transformation la plus significative s'est peut-être produite au sein même du peuple haïtien. À travers les océans et les continents, la diaspora a ressenti un élan renouvelé de fierté, d'unité et d'appartenance. Des familles qui avaient quitté Haïti il y a des décennies ont redécouvert un lien vivant avec leur terre d'origine. De jeunes Haïtiens nés à l'étranger ont commencé à embrasser un héritage désormais perçu comme une source de force et de dignité. Et en Haïti même, la victoire a éveillé à la fois la mémoire et l'imagination — la mémoire d'un passé révolutionnaire qui a marqué l'histoire du monde, et l'imagination d'un avenir où la nation peut se tenir avec confiance, sans excuse ni justification. Cette identité mondiale renouvelée a réduit les distances, brisé les silences et ravivé un sentiment de destin commun chez les Haïtiens à travers le monde. Elle leur a rappelé que, peu importe où ils vivent, Haïti vit en eux. Un peuple autrefois dispersé par les épreuves s'est de nouveau reconnu uni par un objectif partagé.

Cependant, la reconnaissance entraîne inévitablement la responsabilité. La visibilité crée des attentes. Le respect ouvre des opportunités. L'attention renouvelée du monde n'est pas une fin, mais bien un commencement — une occasion pour Haïti de définir la manière dont elle sera connue, interagira avec le monde et construira des partenariats fondés sur la dignité plutôt que sur la dépendance. Le regard du monde a changé ; la direction qu'Haïti choisira désormais déterminera si cette admiration se transformera en une influence durable.

Ce moment porte un poids délicat — celui de la possibilité, de la responsabilité et des commencements. Haïti a été vue. Haïti a été entendu. Haïti s'est levée. Désormais, la question n'est plus de savoir si le monde se souviendra de ce moment, mais si Haïti saura en tirer parti.

La réponse mondiale à cette victoire portait également un message discret mais puissant : Haïti n'est pas condamnée à rester en marge. Elle peut se relever. Elle peut briller. Elle peut guider. Le monde a vu ce que l'unité, la discipline et la vision collective peuvent accomplir — et Haïti a commencé à le voir aussi. Ce changement de perception, à la fois interne et externe, représente un véritable tournant. Pour les nations, la visibilité crée des opportunités ; pour les peuples, la fierté nourrit l'engagement ; pour Haïti, ce moment constitue une porte d'entrée vers la redéfinition de ce qui est possible. Si le pays continue de bâtir sur cet élan mondial, la victoire de 2025 ne sera pas perçue comme un miracle isolé, mais comme le moment où Haïti a retrouvé sa place légitime sur la scène internationale. Ce ne fut pas un simple instant de lumière passagère, mais la réouverture d'un horizon longtemps obscurci.

Chaque nation connaît des moments décisifs — non pas dans les éclats de la célébration, mais dans le silence qui les suit. La victoire d'Haïti a suscité une vague d'unité, de fierté et de possibilités, mais la signification profonde de ce moment s'écrit désormais dans la discrétion. La célébration s'est dissipée ; l'émotion s'est apaisée. Ce qui demeure est le poids délicat de la responsabilité — celui qui appelle un peuple à transformer l'enthousiasme en persévérance et l'espoir en habitude. Dans ce silence, une nation s'écoute elle-même et redéfinit son orientation.

C'est dans ces tournants que les nations se construisent réellement. Non pas dans les percées spectaculaires, mais dans ce qui les suit. Non pas dans les applaudissements du monde, mais dans la discipline du quotidien. Haïti se trouve à un tournant où la victoire de 2025 peut devenir soit un monument, soit un mouvement — soit un souvenir précieux conservé dans la mémoire nationale, soit une force vivante capable de transformer la direction du pays. L'histoire retiendra moins la célébration que les choix qui suivront.

Le carrefour n'est ni abstrait ni lointain ; il est réel et présent. Le leadership doit décider s'il reproduira les échecs du passé ou s'il s'élèvera avec un sérieux renouvelé à la hauteur de ce moment. Les citoyens doivent choisir entre un pays qu'ils admirent et un autre qu'ils abandonnent à la frustration. La diaspora doit déterminer si cet éveil deviendra un point de reconnexion durable ou simplement une vague émotionnelle passagère. Chaque décision, aussi modeste soit-elle, contribue à orienter la trajectoire de la nation.

La victoire a déjà accompli sa part. Elle a révélé la capacité de la nation. Elle a montré ce que devient Haïti lorsque l'unité n'est pas imposée, lorsque la discipline est adoptée et lorsque le peuple croit en quelque chose de plus grand que lui-même. Désormais, le centre de gravité se déplace : de ce que l'équipe a accompli sur le terrain à ce que la nation doit accomplir dans sa réalité quotidienne. Le triomphe a éclairé le chemin ; la persévérance doit maintenant le parcourir.

En définitive, le véritable tournant n'est pas le match remporté, mais l'état d'esprit qu'Haïti adoptera ensuite. Une victoire peut ouvrir une porte, mais seul un peuple peut choisir de la franchir. Et ainsi, la question décisive de ce moment n'appartient ni aux joueurs ni aux entraîneurs, ni même au gouvernement. Elle appartient à la nation elle-même.

Allons-nous porter ce moment vers l'avenir, ou le laisser se dissoudre dans la nostalgie ?

Cette victoire deviendra-t-elle un souvenir — ou le commencement d'un nouveau caractère national ?

Chapitre 11

Une nation, deux mondes

Il existe des questions que seule une nation en transition peut se poser — des questions qui dépassent la politique et l'économie pour toucher le cœur d'un peuple. À la suite de l'éveil d'Haïti en 2025, le pays se trouve confronté à l'une des interrogations les plus déterminantes de son devenir : une union véritable et durable peut-elle se construire entre les Haïtiens de la diaspora et ceux qui vivent sur le territoire national ?

La diaspora ne constitue pas simplement une population géographiquement éloignée évoluant sous d'autres souverainetés ; elle représente le prolongement vivant, dynamique et transnational de la nation. Elle incarne une force diffuse mais structurante, porteuse de mémoire, de culture et de dignité, qui assure la continuité d'Haïti à travers les espaces et les générations. Elle est à la fois Haïti en mouvement, Haïti en expansion et Haïti au-delà des frontières physiques.

Aujourd'hui, on estime que 3 à 4 millions d'Haïtiens vivent à l'extérieur du pays, soit près d'un tiers de la population nationale, ce qui fait d'Haïti l'une des sociétés les plus largement diasporiques de la région caribéenne à l'échelle mondiale. Cette dispersion ne constitue pas seulement un fait démographique ; elle constitue une configuration structurelle de la nation haïtienne contemporaine.

Depuis des décennies, la diaspora haïtienne joue un rôle déterminant dans la survie et le fonctionnement du pays. Par ses transferts financiers, ses investissements communautaires, son soutien familial et son engagement en faveur de la promotion de l'image nationale à l'étranger, elle constitue un pilier parallèle du développement. Pourtant, malgré cette contribution essentielle, la relation entre la diaspora et la patrie a souvent été marquée par des tensions latentes, une incompréhension mutuelle et une distance émotionnelle persistante. La séparation géographique a dissocié les expériences vécues ; les crises successives et les héritages historiques ont parfois fragmenté le sentiment d'appartenance.

La victoire de 2025 a introduit une rupture significative dans cette dynamique. Elle a ravivé la fierté collective, atténué les frontières symboliques et réaffirmé une vérité fondamentale : les Haïtiens, où qu'ils se trouvent, constituent un seul et même corps national. Toutefois, une telle unité ne peut se maintenir que sur la base de l'émotion. Elle exige une construction intentionnelle, appuyée par des structures durables, des mécanismes de réconciliation et une vision stratégique partagée. Un moment peut susciter l'unité ; seul un engagement institutionnalisé peut la pérenniser.

Dans cette perspective, ce chapitre analyse les conditions nécessaires à une transition du lien affectif vers une collaboration structurée, capable de transformer une identité dispersée en une force collective organisée. Il s'agit de passer d'une reconnaissance symbolique à une coopération fonctionnelle, et d'une appartenance émotionnelle à une responsabilité partagée dans la reconstruction nationale. Il invite ainsi les Haïtiens, à travers le monde, à se percevoir non pas comme des entités séparées, mais comme des acteurs interdépendants d'un projet commun.

En définitive, ce moment historique constitue un appel stratégique adressé à l'ensemble du peuple haïtien, au-delà des frontières et des générations : transformer la fierté en responsabilité et la solidarité en action coordonnée. Cette responsabilité partagée implique désormais des contributions de la diaspora, plus structurées, plus intentionnelles et plus durables, dans une logique de partenariat avec la nation.

La contribution de la diaspora à la reconstruction nationale

Depuis des décennies, la diaspora haïtienne joue un rôle à la fois discret et déterminant dans le maintien de la nation. Les transferts de fonds ont souvent dépassé l'aide étrangère, devenant l'épine dorsale financière d'innombrables familles et communautés (Banque mondiale, 2024). Aujourd'hui, ces transferts représentent une part significative du produit intérieur brut (PIB) d'Haïti et constituent, de manière constante, une bouée de sauvetage économique essentielle (Banque mondiale, 2024). Ces dernières années, les envois de fonds ont dépassé 3,5 milliards de dollars par an, largement surpassant les investissements directs étrangers et l'aide au développement.

Les professionnels de la diaspora — médecins, ingénieurs, pasteurs, éducateurs, entrepreneurs — ont porté le génie haïtien à travers le monde, démontrant que le potentiel de la nation n'a jamais été limité par ses frontières.

Après la victoire de 2025, toutefois, quelque chose de plus profond a changé. Les Haïtiens de l'étranger n'avaient plus l'impression d'aider simplement à distance ; ils avaient le sentiment de participer à une véritable renaissance nationale. La victoire a éveillé une génération de jeunes issus de la diaspora qui n'avaient parfois jamais mis les pieds en Haïti, mais qui se sont soudainement sentis profondément liés à son destin. Des groupes d'étudiants universitaires ont organisé des forums culturels, de jeunes professionnels ont lancé des initiatives numériques promouvant l'innovation haïtienne, et des associations communautaires ont renouvelé leurs efforts pour soutenir les écoles et les centres de santé.

Cependant, le soutien financier seul ne suffit pas à reconstruire une nation. La reconstruction exige des structures, une gouvernance efficace, de la clarté et une collaboration stratégique. La diaspora regorge de talents, d'expertise et d'une exposition internationale précieuse, mais Haïti a souvent eu des difficultés à mettre en place des mécanismes permettant à ces ressources de contribuer efficacement au développement national. De nombreux Haïtiens de la diaspora apportent des idées pour bâtir des institutions solides, stabiliser les systèmes et revitaliser les économies locales, mais ils se heurtent trop souvent à des obstacles bureaucratiques, à la méfiance politique ou à des difficultés logistiques lorsqu'ils tentent d'y contribuer.

Une union véritable exige plus que de l'admiration ; elle nécessite des systèmes capables d'accueillir l'expertise de la diaspora, de valoriser ses compétences et d'intégrer sa vision au développement national. Des canaux d'investissement transparents, des procédures administratives simplifiées et des programmes d'échanges professionnels protégés pourraient transformer la bonne volonté en progrès mesurable.

La victoire de 2025 a créé un moment rare où la nation se montre réceptive, pleine d'espoir et émotionnellement alignée avec sa famille mondiale. C'est le moment de construire des ponts — non pas seulement symboliques, mais structurels : des partenariats éducatifs, des programmes de mentorat, des réseaux d'investissement, des échanges professionnels, des initiatives civiques et des plateformes culturelles reliant les Haïtiens partout dans le monde.

Des plateformes numériques de collaboration, des fonds d'investissement de la diaspora et des programmes de transfert de compétences — déjà utilisés avec succès dans des pays comme l'Inde, Israël et le Rwanda — offrent des modèles que Haïti pourrait adapter pour mobiliser l'expertise mondiale (Banque mondiale, 2019 ; OCDE, 2020). Des centres numériques de collaboration, des obligations envers la diaspora et des partenariats universitaires pourraient également renforcer ces liens et soutenir un engagement durable.

La diaspora ne peut pas reconstruire Haïti seule, mais Haïti ne peut pas se reconstruire sans la diaspora. La reconstruction n'est pas un simple projet — c'est un partenariat. C'est une responsabilité partagée, portée à travers les océans, les générations et les identités. Au cœur de ce partenariat se trouve un lien émotionnel profond qui continue d'unir les Haïtiens au-delà des frontières.

Le lien émotionnel entre les Haïtiens de l'étranger et ceux du pays

Le lien émotionnel entre les Haïtiens vivant à l'étranger et ceux demeurant sur le territoire national a toujours constitué une force profonde, bien que traversée par des tensions et des ambivalences. Pour une grande partie de la diaspora, le départ fut moins un choix qu'une nécessité imposée par les contraintes économiques, l'insécurité ou l'absence d'opportunités. Ce départ s'est inscrit dans une expérience marquée par la dualité : l'espoir d'un avenir meilleur et la douleur d'un arrachement. Les migrations n'ont pas seulement déplacé des individus ; elles ont transporté des trajectoires inachevées, des engagements implicites de retour et une charge émotionnelle durable qui continue de structurer les relations entre ceux qui sont partis et ceux qui sont restés.

Parallèlement, les Haïtiens vivant au pays ont développé une perception ambivalente de la diaspora, oscillant entre reconnaissance et ressentiment. D'un côté, les réussites à l'étranger suscitent l'admiration et la fierté ; de l'autre, elles alimentent parfois une perception de déséquilibre par rapport aux réalités quotidiennes vécues localement. Si les transferts financiers ont contribué de manière significative à la survie de nombreuses familles, ils n'ont pas compensé les effets symboliques et affectifs de l'absence — une absence qui se manifeste dans les espaces familiaux, les dynamiques intergénérationnelles et les représentations du lien social.

La victoire de 2025 a entraîné un moment de recomposition émotionnelle collective. Elle a suspendu, même temporairement, les lignes de fracture en offrant un référent commun capable de transcender les distances géographiques et les expériences différenciées. Ce moment a permis l'émergence d'une unité affective fondée non pas sur les divergences, mais sur une reconnaissance partagée de l'appartenance.

Au sein de la diaspora, cet événement a réactivé une mémoire affective et identitaire, ravivant un sentiment d'appartenance souvent atténué par les processus d'intégration à l'étranger. Au-delà de la nostalgie, c'est une reconnexion à une identité collective qui s'est opérée, dans laquelle le passé, les sacrifices familiaux et les héritages culturels ont été réinterprétés à la lumière d'un accomplissement commun. Cette dynamique a contribué à redéfinir l'identité diasporique non pas comme une distance, mais comme une continuité.

Cette reconnexion a produit un effet structurant : elle a amorcé une forme de réconciliation symbolique entre les différentes composantes du corps national. La distinction implicite entre « ceux qui sont partis » et « ceux qui sont restés » s'est atténuée au profit d'une compréhension plus intégrée de l'expérience haïtienne, fondée sur un héritage partagé, des vulnérabilités communes et des aspirations convergentes. Ce qui relevait auparavant de la séparation a commencé à être reconfiguré en termes de complémentarité.

Du point de vue des Haïtiens vivant sur le territoire national, les manifestations massives de célébration dans les grandes villes de la diaspora ont eu pour effet de redéfinir la perception. Elles ont mis en évidence que l'éloignement géographique n'avait pas entraîné de rupture identitaire, mais plutôt une extension du sentiment national au-delà des frontières. La diaspora ne s'est pas détachée de la nation ; elle en a prolongé l'expression dans d'autres espaces.

Dans ce contexte, la diaspora n'apparaît plus comme une entité extérieure, mais comme une composante constitutive de la nation elle-même — une continuité territoriale élargie par la mobilité. Les images de célébrations synchronisées sur différents continents ont matérialisé cette réalité : un peuple unique, exprimant une émotion commune malgré la dispersion.

Ce lien émotionnel, loin d'être uniquement symbolique, revêt une portée stratégique. Les nations dont les populations maintiennent de fortes connexions transnationales disposent d'un avantage structurel en matière de mobilisation des ressources, de diffusion culturelle et de coopération économique. Pour Haïti, la consolidation de ce lien constitue un levier essentiel de renforcement national, capable de transformer l'attachement en engagement et la mémoire en action collective.

Cependant, malgré cette dynamique de rapprochement, des obstacles structurels et relationnels persistent et limitent la pleine réalisation de cette unité. Leur compréhension constitue une étape nécessaire pour transformer ce potentiel en une collaboration durable.

Les barrières qui divisent et comment les surmonter

Malgré son potentiel, la relation entre la diaspora et la nation a longtemps été limitée par de profondes barrières. La méfiance politique demeure l'une des plus persistantes. En Haïti, certains estiment que la diaspora ne saisit pas pleinement les réalités locales, tandis qu'à l'étranger, d'autres perçoivent le pays comme peu ouvert aux idées extérieures. Ces perceptions, souvent façonnées par la distance et des informations fragmentaires, alimentent des récits qui entravent la coopération et entretiennent une distance émotionnelle durable.

Une seconde barrière relève du fonctionnement institutionnel. La bureaucratie, la corruption et l'instabilité administrative découragent fréquemment l'investissement et l'engagement de la diaspora. Même lorsque la volonté de contribuer est présente, l'absence de systèmes fiables limite la participation effective. Les projets s'enlisent, les ressources se retardent et l'incertitude affaiblit progressivement l'élan initial.

À cela s'ajoute une barrière d'ordre psychologique. Des années de crises ont façonné un état d'esprit qui tend parfois à sous-estimer le potentiel haïtien, qu'il s'exprime à l'intérieur comme à l'extérieur du pays. Ce doute intériorisé devient alors un frein structurel, comparable aux obstacles externes.

Ces barrières, bien que profondes, ne sont pas insurmontables. La reconstruction de la confiance repose d'abord sur la transparence : des structures claires, des informations accessibles et des mécanismes de collaboration ouverts et fiables. L'engagement de la diaspora doit s'appuyer sur des systèmes capables de sécuriser les initiatives, de valoriser les compétences et de garantir la responsabilité.

Les institutions haïtiennes — écoles, églises, municipalités et organisations privées — ont un rôle déterminant à jouer en mettant en place des cadres formels qui facilitent la participation de la diaspora. Réciproquement, les acteurs de la diaspora doivent reconnaître que la reconstruction nationale exige également une posture d'écoute, d'humilité et d'ancrage dans les réalités locales. Une union véritable ne repose pas sur l'imposition de solutions extérieures, mais sur l'intégration des perspectives pour construire des réponses communes. Le respect mutuel transforme alors la collaboration en un partenariat structuré et durable.

Surmonter ces barrières constitue une condition essentielle du développement national. L'avenir d'Haïti ne peut se construire dans une dissociation entre l'engagement émotionnel et la participation effective. La diaspora et la nation doivent être envisagées comme des composantes d'un même corps stratégique, articulant l'expérience locale, l'expertise globale et la responsabilité partagée.

La victoire de 2025 a suscité un élan singulier, marquant le début d'un processus de remise en question des anciennes divisions. La question centrale devient désormais celle de la capacité du pays à transformer cet élan en une unité durable. L'histoire offre rarement de telles opportunités. Ce moment appelle désormais à la mise en place d'un cadre structuré capable de soutenir une collaboration efficace et pérenne.

Un plan directeur pour la collaboration entre la diaspora et la nation

Un plan pour une union véritable doit être à la fois pratique et visionnaire, enraciné dans des valeurs communes. Premièrement, Haïti doit établir des conseils de la diaspora en lien direct avec les institutions nationales, dans des domaines tels que l'éducation, la technologie, les affaires, la gouvernance et le développement communautaire. Ces structures permettraient d'aligner l'expertise disponible à l'étranger sur les priorités nationales et d'inscrire le dialogue dans un cadre organisé, facilitant ainsi le passage des idées à leur mise en œuvre.

Deuxièmement, le développement de plateformes d'investissement dédiées à la diaspora constitue un levier essentiel. Celles-ci doivent garantir des mécanismes sûrs, transparents et efficaces pour soutenir l'investissement, l'entrepreneuriat et les projets d'infrastructure. La diaspora dispose du capital, tandis que le pays regorge de talents ; leur articulation peut favoriser un renouveau économique structuré. Des systèmes fiables permettront de convertir la volonté d'engagement en résultats concrets et mesurables. Les études internationales sur le développement montrent d'ailleurs que les pays qui mobilisent efficacement les ressources de leur diaspora enregistrent une croissance accrue de la création d'entreprises, des transferts technologiques et de l'emploi (Banque mondiale, 2019 ; OCDE, 2020).

Troisièmement, cette dynamique doit s'ancrer auprès de la jeunesse. Les jeunes Haïtiens, qu'ils vivent sur le territoire national ou à l'étranger, doivent pouvoir accéder à des programmes d'échange, à des réseaux de mentorat, à des académies de leadership, ainsi qu'à des initiatives culturelles et à des projets d'innovation communs. Cette génération façonnera les décennies à venir. Lorsqu'elle collabore au-delà des frontières, l'unité cesse d'être un principe abstrait pour devenir une réalité vécue.

Quatrièmement, les églises et les communautés de foi, tant en Haïti qu'au sein de la diaspora, jouent un rôle de médiation essentiel. Leur crédibilité sociale, leur ancrage local et leur capacité d'organisation en font des acteurs structurants de la cohésion nationale. Dans des contextes où certaines institutions sont limitées, elles assurent souvent la continuité sociale et le maintien de l'espérance collective.

Enfin, cette collaboration doit s'appuyer sur un récit national partagé — un récit qui valorise l'héritage historique d'Haïti, met en lumière les réussites de ses ressortissants à travers le monde et redéfinit la citoyenneté comme une responsabilité active. Une mémoire commune consolidée renforce la cohérence du projet national et oriente l'action collective.

Une union véritable ne relève pas de l'utopie, mais d'une structuration cohérente articulant les valeurs, les dispositifs institutionnels et la vision collective. Si ce cadre est adopté, la diaspora cessera d'être perçue comme une périphérie pour devenir un pilier du renouveau national. Ensemble, la nation et sa diaspora peuvent transformer le lien en une action structurée et la fierté en un progrès durable.

Conclusion : Une union qui mérite d'être construite

La question qui traverse ce chapitre n'est pas théorique — elle est urgente, émotionnelle et générationnelle : Haïti et sa diaspora peuvent-elles former une union véritable ?

La réponse dépend désormais des choix qui seront faits. La victoire de 2025 a créé un moment singulier où les Haïtiens, qu'ils soient à Port-au-Prince ou à Paris, au Cap-Haïtien ou à Miami, se sont reconnus comme un seul peuple. Pendant un instant bref mais marquant, la distance s'est effacée et le sentiment d'appartenance s'est ravivé. Pourtant, une unité née de l'émotion ne peut durer sans être consolidée. L'émotion peut éveiller un peuple ; seules des structures durables et un engagement soutenu peuvent lui donner de la continuité.

Ce chapitre met en lumière une réalité fondamentale : Haïti ne peut se relever sans sa diaspora, et celle-ci ne peut pleinement s'accomplir sans la nation. Elles constituent les deux dimensions d'une même entité — distinctes par la géographie, indissociables par le destin. L'une porte la mémoire, l'autre prolonge la projection vers l'avenir ; ensemble, elles assurent la continuité nationale.

Si cette union est construite de manière intentionnelle — à travers la confiance, des cadres institutionnels solides, une collaboration structurée et une vision partagée — alors la victoire cessera d'être un simple souvenir pour devenir une étape fondatrice. Elle marquera le début d'un modèle de développement où la nation se renforce à la fois de l'intérieur et par ses extensions à l'échelle mondiale. Une telle dynamique permettrait de transformer la fierté en progrès et le lien en action collective.

La question appartient désormais à la nation :

Allons-nous bâtir l'union que l'histoire exige ?

Allons-nous transformer une identité partagée en une responsabilité commune ?

Allons-nous privilégier le partenariat plutôt que la distance et l'objectif commun plutôt que la séparation ?

Si l'unité entre la diaspora et la nation constitue une condition essentielle du renouveau haïtien, elle ne peut produire des résultats durables sans bases internes solides. Une collaboration, aussi prometteuse soit-elle, exige des institutions capables de l'accueillir, de la structurer et de la soutenir dans le temps.

Ainsi, la question ne se limite plus à l'union du peuple haïtien à travers le monde, mais s'étend désormais à la capacité du pays à se reconstruire de l'intérieur. Car aucune transformation nationale ne peut s'ancrer durablement sans fondations stables, fonctionnelles et légitimes.

C'est dans cette perspective que s'ouvre la prochaine étape : rétablir les fondations sur lesquelles reposera l'avenir d'Haïti.

Partie V

Rétablir les fondations nationales

RÉFLEXION

La fierté d'une nation renaît lorsqu'elle se souvient de son identité et choisit de l'honorer.

Chapitre 12

Restaurer la fierté fondamentale de la nation

Les nations portent en elles des forces plus puissantes que les institutions politiques, les systèmes économiques ou les ressources matérielles. Ces forces sont invisibles mais fondamentales : la fierté collective, la mémoire historique, l'identité culturelle et la croyance en un destin commun. Ces qualités façonnent la manière dont un peuple se perçoit, réagit face à l'adversité et imagine son avenir.

Pour Haïti, ces qualités ont longtemps constitué le socle de la grandeur nationale : le courage de sa révolution, la dignité de son peuple, la richesse de sa culture et la profondeur de sa spiritualité.

Au fil des générations marquées par les crises, l'instabilité et une représentation internationale souvent réductrice, cette fierté fondatrice s'est affaiblie sans pour autant disparaître. Elle s'est trouvée reléguée sous le poids des épreuves, des récits déformés et d'un découragement prolongé. La victoire de 2025 a agi comme un révélateur, mettant en lumière une réalité longtemps obscurcie : la fierté haïtienne n'est pas éteinte, mais en attente d'être réactivée.

Ce chapitre examine les conditions de cette renaissance, ancrée dans l'héritage révolutionnaire, la vitalité culturelle, le potentiel civique et l'élaboration d'un récit national renouvelé.

Héritage révolutionnaire : la grandeur oubliée d'Haïti

Haïti est née de l'improbable — la seule révolution d'esclaves ayant abouti à la création d'un État souverain, la première république noire indépendante, et la deuxième nation indépendante de l'hémisphère occidental après les États-Unis. En 1804, elle a non seulement redéfini les équilibres géopolitiques des Amériques, mais a également affirmé, face au monde, l'humanité des peuples opprimés. Cet héritage ne relève pas d'un passé figé ; il constitue une composante essentielle de l'identité haïtienne contemporaine.

Avec le temps, cette grandeur a été occultée par des récits internationaux centrés presque exclusivement sur les difficultés du pays. Plusieurs générations ont été davantage exposées à des discours de crise qu'à des récits de courage, et davantage à des représentations de vulnérabilité qu'à des expressions de force. Ce déséquilibre narratif a contribué à fragiliser l'estime de soi collective et à affaiblir le lien avec l'héritage historique.

La reconstruction de cette fierté passe nécessairement par une réappropriation consciente de la mémoire nationale.

Restaurer la fierté commence par restaurer la mémoire.

Redécouvrir Toussaint Louverture, Jean-Jacques Dessalines, Catherine Flon, Sanité Bélair et Charlemagne Péralte permet à la nation de se reconnecter à ses figures fondatrices — non pas comme des mythes lointains, mais comme des références concrètes en matière de discipline, de stratégie, de courage et de dignité. Leur leadership a influencé les mouvements de libération en Amérique latine et nourri les luttes abolitionnistes en Europe et en Amérique du Nord, faisant d'Haïti non seulement une victoire nationale, mais aussi un tournant dans l'histoire universelle de la liberté. Ces figures ont démontré que la liberté se conquiert et que la grandeur se construit par la vision et le sacrifice.

Transmettre cet héritage ne relève pas de la nostalgie, mais d'un processus d'émancipation. Il offre à la nouvelle génération une base solide pour résister au désespoir et une orientation capable de guider l'action dans l'incertitude. Le passé révolutionnaire ne doit pas demeurer confiné aux manuels scolaires ; il doit réintégrer le tissu vivant de la culture nationale. Lorsqu'un peuple maîtrise son identité, il devient moins vulnérable à la manipulation et à l'effacement. Se souvenir que l'origine est une victoire permet de réactiver la capacité à croire en l'avenir.

La renaissance de la fierté s'inscrit ainsi dans une réappropriation consciente de la grandeur historique d'Haïti.

Renaissance culturelle et civique : redécouvrir l'identité nationale

La fierté ne s'enracine pas uniquement dans l'histoire ; elle s'exprime également à travers la culture. Haïti possède une identité d'une richesse exceptionnelle — musique, peinture, danse, langue, spiritualité, littérature, cuisine et artisanat témoignent d'une créativité collective remarquable. Ses expressions artistiques ont influencé des dynamiques culturelles à l'échelle internationale, tandis que le créole haïtien demeure l'une des langues créoles les plus répandues, incarnant à la fois la continuité et l'adaptation.

Ces ressources ont toutefois été éclipsées par les crises contemporaines. Restaurer la fierté fondatrice suppose une mise en valeur délibérée de ces atouts. La victoire de 2025 en a révélé le pouvoir de cohésion : chants, rythmes et symboles ont exprimé une identité vivante et partagée. Cette dynamique doit désormais s'étendre au domaine civique.

Les systèmes éducatifs doivent transmettre non seulement des connaissances académiques, mais aussi une conscience identitaire. Les recherches en éducation montrent que la connaissance de son héritage culturel renforce l'estime de soi, la résilience et l'engagement scolaire — des éléments essentiels au développement national. Parallèlement, les communautés ont un rôle déterminant à jouer en soutenant les créateurs, les historiens et les porteurs de mémoire. La diaspora contribue également à cette continuité en assurant la transmission culturelle aux nouvelles générations, afin que l'identité haïtienne soit vécue comme une source de valeur.

Ce renouveau doit s'accompagner d'un approfondissement civique. La citoyenneté dépasse le statut juridique pour devenir une pratique quotidienne fondée sur le respect, la responsabilité, la participation et la discipline. Une société se consolide lorsque ces principes sont incarnés dans les comportements. L'articulation entre culture et civisme constitue ainsi un levier central de la reconstruction.

La vitalité culturelle haïtienne continue d'être reconnue à l'échelle internationale, notamment par l'UNESCO, tandis que les œuvres haïtiennes sont exposées dans de nombreuses institutions à travers le monde. Malgré les contraintes économiques, la créativité demeure l'un des fondements les plus durables de la nation.

Cependant, cette dynamique nécessite un accès plus large à l'éducation. Aujourd'hui, environ 60 % des enfants haïtiens terminent l'école primaire, et une proportion nettement inférieure accède au secondaire. L'amélioration de la qualité et de l'accessibilité du système éducatif constitue dès lors un levier déterminant du renouveau national.

Une fierté au-delà du sport : éducation, leadership et dignité collective

La victoire a ravivé la fierté nationale, mais une transformation durable exige qu'elle s'inscrive au-delà du seul domaine sportif. Elle doit se traduire par des systèmes éducatifs, des pratiques de gouvernance, le fonctionnement des institutions et les comportements quotidiens des citoyens. L'éducation, en particulier, doit devenir un espace d'excellence où chaque élève se perçoive comme un acteur potentiel du renouveau national. Les recherches montrent que les sociétés qui investissent dans l'éducation civique, la transmission historique et le développement du leadership des jeunes favorisent une participation démocratique accrue, une cohésion sociale accrue et une stabilité durable.

Dans cette perspective, le rôle des enseignants doit être renforcé, les élèves responsabilisés et les établissements scolaires réaffirmés comme des lieux de formation du caractère, de la discipline et de la conscience nationale.

Le leadership, quant à lui, nécessite une redéfinition profonde. Pendant des décennies, il a été associé aux logiques de pouvoir, à la corruption et à l'instabilité, ce qui a contribué à fragiliser la confiance collective. L'expérience de l'équipe nationale a mis en évidence un modèle alternatif : un leadership fondé sur la préparation, la coopération, la responsabilité et l'unité produit des résultats concrets et durables.

Cette exigence dépasse le champ politique. Elle concerne l'ensemble des secteurs — religieux, communautaires, économiques, académiques, agricoles, médicaux, technologiques et artistiques. Le leadership doit être compris comme une responsabilité au service du bien commun, et non comme un instrument de privilège.

Par ailleurs, la fierté doit s'incarner dans une dignité collective. Une nation se consolide lorsque ses membres adoptent des comportements fondés sur l'intégrité, le respect et le sens du devoir. La transmission des valeurs au sein des familles, la solidarité communautaire et le rejet de la violence au profit de la responsabilité contribuent à renforcer le tissu social. Dans ce cadre, la dignité devient un facteur de stabilité et de résilience.

La principale richesse d'Haïti réside dans son capital humain. Un peuple animé par la dignité et la confiance en soi est capable de surmonter les crises et de reconstruire ses structures. C'est dans cette dynamique que se joue la transformation nationale

Conclusion : Forger une nouvelle fierté nationale

Restaurer la fierté fondatrice d'Haïti ne relève pas d'un simple idéal — c'est une condition essentielle du renouveau national. Une nation privée de fierté s'affaiblit de l'intérieur ; lorsqu'elle la retrouve, elle redécouvre sa capacité à se relever, même après les épreuves les plus profondes. La victoire de 2025 a agi comme un révélateur, ouvrant un espace de reconnexion avec l'âme nationale — son histoire, son identité et ses possibilités. Elle a mis en lumière ce qui demeure intact au cœur du peuple : la résilience, la créativité, la dignité et le potentiel.

Le relèvement d'Haïti dépendra de cette redécouverte collective : lorsque les enfants intégreront leur héritage dans leur formation ; lorsque la diaspora et la nation reconnaîtront leur unité ; lorsque le leadership sera défini par le service plutôt que par le privilège ; lorsque les citoyens choisiront l'intégrité plutôt que l'adaptation aux contraintes.

La fierté ne relève pas de l'arrogance ; elle constitue un fondement de la construction nationale. Elle agit comme une force de continuité dans l'épreuve et comme un principe de stabilité face à l'incertitude.

L'enjeu ne consiste pas uniquement à se souvenir de la grandeur, mais à l'incarner. Elle doit être cultivée dans les foyers, transmise dans les systèmes éducatifs, intégrée à la vie publique et consolidée au sein des institutions. Lorsqu'un peuple retrouve le respect de lui-même, il retrouve également sa capacité à agir sur son avenir.

Une question demeure désormais — simple dans sa forme, mais décisive dans ses implications :

Sommes-nous prêts à reconstruire la fierté qui a autrefois changé le monde ?

RÉFLEXION

L'émotion éveille une nation, mais seule l'action transforme son avenir.

Chapitre 13

De l'émotion à l'action

DDans la vie d'une nation, il y a des instants où un changement profond se fait sentir au cœur de son âme — une vibration, une étincelle, un éveil collectif. La victoire d'Haïti en 2025 fut l'un de ces moments. Pendant quelques heures, un peuple dispersé par l'histoire, la migration et les épreuves s'est retrouvé uni par une même émotion, une même fierté, une même espérance.

Mais l'émotion ne constitue pas une transformation. La joie est une étincelle, non une structure ; la célébration, un commencement, non un système. Une nation ne se reconstruit ni par l'enthousiasme ni par les applaudissements, mais par des décisions, des actions et une volonté collective soutenue.

Le véritable enjeu ne réside donc pas dans ce qu'Haïti a ressenti cette nuit-là, mais dans l'usage qu'elle fera de cet élan. L'histoire montre que les nations se relèvent non lorsqu'elles célèbrent, mais lorsqu'elles s'organisent ; non lorsqu'elles acclament, mais lorsqu'elles s'engagent ; non lorsqu'elles se souviennent, mais lorsqu'elles transforment l'intention en action.

Le moment est venu pour Haïti de convertir l'émotion en dynamique collective, la fierté en responsabilité, l'espoir en stratégie et l'unité en un projet national durable.
Car les nations ne se transforment pas seulement lorsqu'elles rêvent — elles se transforment lorsqu'elles décident de devenir ce qu'elles sont capables d'être.

Maintenir l'élan national : quand la victoire devient un mouvement

L'élan constitue l'une des forces les plus déterminantes, mais aussi les plus fragiles, dans la trajectoire d'une nation. Il gagne en puissance lorsqu'il est entretenu, mais s'évanouit rapidement en l'absence d'action délibérée. La victoire d'Haïti en 2025 a suscité une vague exceptionnelle de fierté et d'unité — un moment où la joie a traversé les frontières, transcendé les divisions sociales et atténué les distances émotionnelles.

Cependant, cet élan doit être saisi avant de se dissiper. Les nations qui progressent sont celles qui savent convertir l'intensité d'un moment en continuité. La célébration doit ainsi évoluer vers une dynamique durable, orientée vers le renouveau collectif.

Cette continuité repose sur un engagement multisectoriel — des institutions publiques, du système éducatif, des communautés de foi, des organisations de jeunesse, de la diaspora, du secteur économique et des structures familiales. Chacun est appelé à traduire, dans son propre espace, les principes révélés par la performance de l'équipe nationale.

Le succès de l'équipe reposait sur des fondements clairs : discipline, préparation, respect des structures, confiance mutuelle et capacité au sacrifice. L'intégration de ces principes à l'échelle nationale transformerait un moment de victoire en une trajectoire de transformation. Il ne s'agit plus de percevoir Haïti comme un potentiel éphémère, mais comme une capacité durable inscrite dans le temps.

Par ailleurs, la pérennité de cet élan dépend de la perception du progrès. Des améliorations tangibles — sécurité accrue, organisation communautaire, fonctionnement des écoles, renforcement institutionnel et qualité de la vie publique — contribuent à consolider la confiance collective. Lorsque les citoyens constatent des avancées, même modestes, ils s'engagent davantage et participent à leur préservation.

La victoire a fourni une énergie initiale, mais elle ne peut produire d'effet sans une structure capable de la canaliser.
Transformer cette énergie en mouvement durable constitue désormais l'enjeu central. C'est précisément dans cette nécessité de structuration que s'inscrit l'étape suivante : passer de l'enthousiasme collectif à une implication active des citoyens.

De la célébration à l'engagement civique : devenir des participants, et non des spectateurs

La célébration unit les individus sur le plan émotionnel ; l'engagement les rassemble autour d'un objectif commun. Le défi central pour Haïti consiste désormais à éviter le retour à une posture passive dans le processus de construction nationale. Pendant des décennies, une part importante de la population s'est sentie déconnectée de la vie publique — découragée par la corruption, désillusionnée par les institutions ou épuisée par l'instabilité. La victoire a toutefois rappelé une réalité essentielle : les citoyens ne sont pas de simples observateurs, mais des acteurs de leur avenir. Avancer exige donc un passage clair de la passivité à la participation.

L'engagement civique s'incarne d'abord dans des pratiques quotidiennes : voter de manière responsable, respecter les espaces publics, soutenir les initiatives locales, participer aux dynamiques communautaires, s'impliquer auprès de la jeunesse et exiger la redevabilité des dirigeants. La victoire a démontré que la discipline et l'unité produisent des résultats ; ces principes doivent désormais être intégrés dans les sphères sociales, éducatives, religieuses et institutionnelles. Le devoir civique doit ainsi s'imposer comme une norme culturelle durable, et non comme une réaction ponctuelle. Redécouvrir le drapeau implique également d'assumer la responsabilité qu'il incarne.

Pour inscrire cette dynamique dans la durée, il est nécessaire de structurer des voies d'engagement accessibles et compréhensibles. Les citoyens ne peuvent s'impliquer efficacement sans cadres clairs. Le système éducatif doit intégrer une formation civique, les communautés de foi doivent encourager l'implication sociale, les organisations de jeunesse doivent développer le leadership, et la diaspora doit contribuer de manière stratégique par l'influence, l'investissement et le transfert de compétences. Lorsque chacun comprend son rôle, la célébration se transforme en citoyenneté, et la citoyenneté en construction nationale.

Cependant, cet engagement ne pourra produire des effets durables sans une rupture consciente avec les dynamiques qui, historiquement, ont freiné l'élan collectif.

Éviter le retour à la normalité : briser les schémas qui freinent Haïti

L'un des principaux risques qui suivent un triomphe national réside dans le retour progressif aux habitudes antérieures. L'histoire montre que de nombreuses nations, après des moments d'éveil, ont replongé dans des dynamiques familières marquées par l'inefficacité et la fragmentation. Haïti ne peut se permettre une telle régression. La « normalité » des dernières décennies s'est souvent traduite par l'instabilité, la division et la défiance. Y revenir reviendrait à compromettre l'élan collectif né en 2025 et à affaiblir l'espérance qu'il a suscitée. Toute transformation durable exige une rupture avec les logiques qui ont entravé le progrès.

Prévenir cette régression suppose une confrontation lucide aux dysfonctionnements structurels persistants : désunion politique, corruption institutionnelle, déficit de planification, faiblesse de la redevabilité publique et fragmentation sociale. Ces réalités, ancrées dans le temps, ne disparaîtront pas instantanément. Toutefois, elles peuvent être atténuées par une discipline collective et une action coordonnée. La victoire a révélé une capacité essentielle : lorsque les efforts s'alignent, les résultats deviennent possibles. L'enjeu consiste désormais à appliquer la même rigueur aux défis internes.

Au-delà des structures, un changement culturel s'impose. Le rejet du cynisme devient une condition du renouveau. En niant la possibilité du progrès, cette posture entretient les échecs qu'elle anticipe. À l'inverse, une confiance partagée dans la transformation favorise l'engagement et la cohésion. Il s'agit de faire émerger un état d'esprit collectif où le progrès est perçu comme atteignable, la dignité comme inhérente et l'excellence comme norme. Dans cette dynamique, les réussites ponctuelles peuvent devenir des pratiques durables.

Ainsi, éviter la régression ne suffit pas ; il devient nécessaire de structurer intentionnellement l'élan généré afin de le convertir en avancées concrètes et mesurables.

Transformer l'énergie émotionnelle en progrès : quand l'espoir devient stratégie

L'émotion est puissante, mais sans structure, elle s'effondre. L'espoir sans planification se dissout, et l'inspiration sans systèmes devient nostalgie. Pour qu'Haïti s'élève, cette énergie doit se transformer en action stratégique. Cela implique de définir des priorités nationales claires : des communautés sûres, des écoles fonctionnelles, des infrastructures modernisées, des opportunités économiques et une intégrité institutionnelle. Haïti ne peut pas tout construire à la fois, mais elle peut avancer avec intention en s'appuyant sur des objectifs réalisables.

La stratégie exige de la discipline. À l'image de l'équipe nationale — qui s'est entraînée, a ajusté ses méthodes et affiné ses tactiques — Haïti doit adopter une approche structurée pour sa reconstruction. Le progrès commence par des objectifs mesurables : réduire la criminalité, améliorer l'alphabétisation, renforcer la gouvernance locale, protéger l'environnement, autonomiser la jeunesse et restaurer la confiance nationale. Chaque objectif doit être poursuivi avec constance et méthode. La victoire a démontré ce qui se produit lorsque l'effort rencontre la structure : l'excellence émerge.

Plus encore, transformer l'émotion en progrès exige une vision nationale partagée — suffisamment forte pour unir, dépasser les divisions et mobiliser à la fois la jeunesse et la diaspora. Haïti doit se projeter dans l'avenir qu'elle souhaite construire : une nation sûre, instruite, unie, innovante, fière et respectée. Une nation où les victoires ne se limitent pas aux terrains de sport, mais se reflètent aussi dans l'éducation, l'agriculture, la culture, l'ingénierie et la vie citoyenne. Une nation où l'espoir devient une force stratégique durable. Traduire cette vision en réalité exige désormais des choix concrets et une responsabilité partagée à l'échelle nationale.

Ce que Haïti doit faire maintenant : un appel à la responsabilité nationale

La voie à suivre exige du courage — non pas celui d'une seule personne, mais celui de millions. Haïti doit maintenant assumer la responsabilité à tous les échelons de la société. Les dirigeants doivent s'engager en faveur de la transparence et du service. Les institutions doivent s'engager en faveur de l'intégrité et de l'efficacité. Les communautés doivent s'engager à coopérer et à se respecter mutuellement. La diaspora doit s'engager à apporter un soutien stratégique plutôt que de se contenter d'un deuil à distance. Et les citoyens doivent s'engager en faveur de la discipline, du devoir civique et de la fierté collective. Cet engagement sacrificiel et patriotique n'est pas la responsabilité d'un seul secteur — c'est la responsabilité d'une nation.

La victoire a offert à Haïti quelque chose de précieux : la conviction que la grandeur est de nouveau possible. Mais la conviction doit se traduire par un comportement. Le comportement doit mener à des systèmes. Et les systèmes doivent conduire à la transformation. Haïti doit maintenant construire des structures à la hauteur de son esprit, des institutions qui reflètent sa dignité et des opportunités qui honorent son potentiel. Chaque Haïtien — sur l'île ou à l'étranger — porte une part du destin de la nation. Et le destin exige de la responsabilité.

C'est maintenant que Haïti doit décider si elle s'élèvera durablement ou seulement momentanément. Si cet accomplissement deviendra un tournant national ou un souvenir oublié. La culture ressentie en 2025 se transformera soit en renaissance culturelle, soit en une occasion manquée. L'avenir ne sera pas façonné par l'émotion seule, mais par l'action enracinée dans l'unité, la dignité et le courage. La suite dépend désormais d'un choix fondamental — une décision capable d'orienter le destin du pays pour les générations à venir.

Conclusion : la décision qui façonnera un siècle

Il existe des moments dans la vie d'une nation où l'histoire semble retenir son souffle — lorsque tout un peuple se tient entre ce qu'il a enduré et ce qu'il peut devenir. La victoire d'Haïti en 2025 fut l'un de ces moments. Elle fut plus qu'une célébration, plus qu'un soulagement émotionnel, plus qu'une nuit triomphale. Ce fut une révélation. Une révélation de ce que Haïti demeure encore sous ses blessures. Une révélation de ce que les Haïtiens peuvent accomplir lorsque la discipline, l'unité et le sens du but se rejoignent. Une révélation de la grandeur qui a toujours attendu de réapparaître. Mais les révélations seules ne transforment pas les nations ; les décisions le font.

La victoire a réveillé quelque chose qui était longtemps endormi : la confiance nationale. Pendant un bref mais puissant moment, les Haïtiens se sont souvenus de qui ils sont — les descendants d'un peuple qui a renversé des empires, qui a refusé d'être brisé et qui a façonné la conscience morale du monde. Ils se sont souvenus du feu de Toussaint, de la détermination de Dessalines, du sacrifice de Sanité Bélair et de la vision de Catherine Flon. Ils se sont souvenus qu'ils ne sont pas définis par les crises, la pauvreté ou les récits extérieurs, mais par le courage, la créativité et la volonté infatigable de survivre. Mais la mémoire ne construit pas les nations ; l'action le fait.

Si l'avenir d'Haïti dépendait uniquement de l'émotion, la victoire aurait déjà tout changé. Mais l'émotion s'efface. Ce qui demeure, c'est la responsabilité d'agir. Haïti se tient maintenant devant le choix le plus déterminant de cette génération :

Cette victoire deviendra-t-elle un tournant — ou une occasion perdue ?

La réponse ne dépend pas seulement des gouvernements, de la diaspora ou des institutions, mais aussi de la conscience collective du peuple haïtien. Chaque citoyen, chaque dirigeant, chaque jeune, chaque église, chaque enseignant, chaque parent, chaque Haïtien vivant à l'étranger — tous portent une part du prochain chapitre de la nation. Et aucun chapitre ne peut être écrit sans courage collectif.

La véritable transformation exige quelque chose de plus profond que la joie — elle exige de la discipline. Elle exige du sacrifice. Elle exige de nouveaux systèmes, de nouvelles habitudes, de nouvelles attentes et une nouvelle culture du leadership. Elle exige que les Haïtiens refusent de retourner aux cycles qui ont affaibli la nation. Elle exige un rejet national de la résignation, du cynisme et des excuses. Elle exige qu'Haïti cesse d'attendre des miracles et devienne elle-même le miracle. Un miracle n'est pas fait de magie, mais de responsabilité quotidienne, d'engagement communautaire, d'intégrité civique et de destin partagé.

Cette victoire a fourni l'étincelle, mais le peuple doit nourrir le feu. Ce succès remarquable a ouvert la porte, mais la nation doit la franchir. La victoire a révélé le potentiel, mais Haïti doit construire la réalité.

Si Haïti choisit de saisir ce moment, de transformer la fierté en politiques publiques, l'unité en structure, l'émotion en stratégie et l'espoir en action, alors la nuit de 2025 ne sera pas seulement rappelée comme un triomphe sportif, mais aussi comme la renaissance de l'âme d'une nation. Elle sera rappelée comme la nuit où Haïti s'est souvenu de lui-même et a décidé de se relever.

Si Haïti ne saisit pas ce tournant, le danger n'est pas seulement l'échec ; le danger est l'oubli — oublier l'unité ressentie par des millions de personnes, oublier la fierté qui a fait s'embrasser des inconnus, oublier la dignité qui a résonné à travers les frontières, oublier que même une nation blessée peut se relever avec une force stupéfiante. L'histoire n'est pas façonnée par ce que les peuples ressentent, mais par ce qu'ils choisissent de faire de ce qu'ils ressentent.

Ainsi, Haïti se tient au bord du possible. Non pas la possibilité de la perfection, mais celle du progrès. Non pas l'illusion d'un changement du jour au lendemain, mais la réalité d'une transformation générationnelle. Non pas le rêve d'un salut venu de l'extérieur, mais la conviction que le renouveau de la nation doit commencer de l'intérieur.

Le monde a déjà rendu son verdict. Il a vu la brillance, la résilience, la dignité et la force d'Haïti. Il a applaudi la victoire de la nation. Il a reconnu ce qu'Haïti peut devenir. La diaspora s'est réveillée. La jeunesse a ressenti l'étincelle. Le pays a goûté à nouveau à l'unité après des années de fragmentation. La question n'est plus : « Haïti peut-elle se relever ? La victoire y a déjà répondu.

La question est désormais bien plus décisive :

Haïti se relèvera-t-elle — non pour un match, non pour un moment, mais pour son avenir ?

Haïti choisira-t-elle la transformation plutôt que la tradition ?

Le courage plutôt que le confort ?

L'unité plutôt que la division ?

La responsabilité plutôt que la résignation ?

La vision plutôt que le doute ?

Le prochain chapitre d'Haïti ne sera pas écrit par hasard.

Il sera écrit par décision.

Une décision nationale.

Une décision générationnelle.

Une décision personnelle — prise des millions de fois, dans des millions de cœurs, chaque jour.

La victoire de 2025 a allumé une flamme.

Ce qu'Haïti choisira de faire de cette flamme déterminera les cent prochaines années.

Partie VI

Construire l'avenir

RÉFLEXION

L'avenir d'une nation se dessine d'abord dans une vision, puis se réalise par l'engagement de ceux qui choisissent de la porter.

Chapitre 14

Une vision pour l'avenir d'Haïti

Parfois, dans l'histoire d'une nation, l'avenir se révèle soudain — non plus comme un rêve lointain, mais comme une possibilité prête à être saisie. La victoire d'Haïti en 2025 a ouvert un tel horizon. Elle a éclairé un chemin vers l'avenir, non seulement par l'émotion, mais aussi par l'imagination. Une nation ne peut se reconstruire sans apprendre d'abord à se voir à nouveau. La vision n'est pas une fantaisie ; elle est la semence de la transformation. Avant que les systèmes ne changent, les esprits doivent changer. Avant que les institutions ne s'élèvent, la confiance doit grandir. Avant que le progrès n'advienne, la conviction doit s'éveiller.

Ce chapitre ne porte pas sur ce qu'Haïti a été — mais sur ce qu'Haïti peut devenir. Il propose un avenir fondé non pas sur des illusions, mais sur la discipline, l'unité, la dignité et la force collective d'un peuple qui a toujours su atteindre la grandeur. La nation qui a autrefois ébranlé le monde par son courage révolutionnaire peut l'ébranler de nouveau — non par le conflit, mais par le renouveau. Cette vision est une invitation à imaginer une Haïti restaurée, restructurée et renaissante.

Reconstruire la confiance nationale : la conviction précède le progrès

La confiance est le sol où le progrès prend racine. Sans confiance, les nations hésitent, reculent et se résignent à leurs blessures. Avec confiance, les nations se relèvent, innovent et se reconstruisent. La plus grande victoire de 2025 n'était pas le trophée ; c'était le rétablissement de la conviction nationale. Pour la première fois depuis des années, les Haïtiens se sont regardés et ont vu la possibilité plutôt que la douleur. Ils ont vu du courage là où le monde avait vu de la fragilité. Ils ont vu de la discipline là où le monde avait supposé le désordre. Ils ont vu du potentiel là où le monde avait prédit le déclin.

Reconstruire la confiance nationale signifie cultiver un état d'esprit qui s'attend au progrès plutôt qu'au chaos. Cela exige d'enseigner à la prochaine génération qu'Haïti n'est pas une patrie brisée, mais un héritage puissant. Les écoles, les églises, les médias et les familles doivent devenir des espaces où la dignité est enseignée, pratiquée et protégée. La confiance grandit lorsque les gens voient la compétence à l'œuvre — chez des enseignants qui préparent leurs leçons, chez des agents publics qui servent avec intégrité, chez des leaders communautaires qui obtiennent des résultats.

La confiance grandit aussi à travers de petites victoires. Lorsque les rues sont plus propres, l'espoir augmente. Lorsque les écoles s'améliorent, la fierté grandit. Lorsque les jeunes réussissent, la nation respire plus librement. Un Haïti confiant ne se construit pas en un jour ; il se construit à travers des milliers de pas invisibles qui rappellent à la nation sa valeur. La victoire a allumé une étincelle — reconstruire la confiance nationale consiste à transformer cette étincelle en une flamme constante. Cette flamme doit être protégée, nourrie et transmise afin qu'elle ne s'éteigne ni avec le temps ni en raison des circonstances. Ce n'est que par la constance, l'engagement et la conviction collective que la confiance nationale peut devenir une base durable plutôt qu'un simple moment passager.

La jeunesse et la diaspora comme moteurs du changement : deux forces au potentiel irrésistible

La jeunesse et la diaspora d'Haïti constituent les deux moteurs les plus puissants de la transformation nationale. La jeunesse porte l'énergie, la créativité et le courage. La diaspora apporte de l'expérience, des ressources et des réseaux mondiaux. Lorsque ces deux forces s'alignent, aucun obstacle n'est insurmontable. L'avenir d'Haïti dépend de cette convergence — une union entre la passion et la stratégie, entre l'imagination et l'expertise, entre la détermination locale et la capacité globale.

La jeunesse d'Haïti a longtemps été sous-estimée. Elle est souvent présentée comme une victime des circonstances plutôt que comme actrice de ses propres possibilités. Mais la victoire a réveillé en elle quelque chose de profond — un sens de mission. Les jeunes se voient désormais non seulement comme les survivants d'un pays en difficulté, mais aussi comme les architectes d'une nouvelle Haïti. Ils sont prêts à innover, désireux de diriger et impatients de participer. Ce dont ils ont besoin, c'est d'opportunités, de mentorat et d'une plateforme pour agir.

La diaspora, elle aussi, est arrivée à un tournant. Pendant des décennies, de nombreux Haïtiens vivant à l'étranger ont porté Haïti dans leur cœur tout en se sentant impuissants à y apporter une aide concrète. La victoire a ravivé leur lien émotionnel et leur sens des responsabilités. Ingénieurs, enseignants, entrepreneurs, pasteurs, étudiants, artistes, médecins et investisseurs à travers le monde ont reçu le même message : il est temps de revenir — physiquement, financièrement, émotionnellement et stratégiquement. La diaspora n'est pas une population extérieure ; elle est une extension du corps national d'Haïti.

Lorsque la jeunesse et la diaspora travaillent ensemble, elles forment une force capable de résoudre des problèmes, de créer des institutions, de renforcer les communautés et de redéfinir l'avenir d'Haïti. Elles ne sont pas seulement des participantes au parcours de la nation — elles sont les moteurs qui la feront avancer. Ensemble, elles incarnent la continuité entre héritage et innovation, entre mémoire et élan. Dans leur unité réside la promesse d'un Haïti qui ne se contente pas de survivre, mais qui dirige, inspire et perdure.

Créer une culture du leadership : le leadership partout

La véritable transformation commence lorsque le leadership devient une culture plutôt qu'un simple titre. L'avenir d'Haïti dépend de la capacité à former des leaders non seulement au sein du gouvernement, mais aussi dans les salles de classe, les églises, les foyers, les quartiers et les lieux de travail. Une nation s'élève lorsque le leadership devient une attente partagée — lorsque chaque citoyen se sent responsable de quelque chose de plus grand que lui-même.

Une culture du leadership exige le passage d'un leadership centré sur l'autorité à un leadership centré sur le service. L'équipe de 2025 en a donné un exemple parfait : un leadership qui écoute, guide, se sacrifie et élève les autres. Si Haïti adopte ce modèle, il pourra former des leaders capables d'inspirer la confiance, de bâtir des systèmes et de résoudre les problèmes plutôt que d'en créer. Les écoles doivent enseigner le leadership comme compétence. Les églises doivent enseigner le leadership comme un appel. Les familles doivent enseigner le leadership comme une responsabilité.

Le leadership doit également être éthique. Un pays ne peut pas s'élever grâce au seul talent ; il doit aussi progresser par l'intégrité. La prochaine génération doit apprendre que le leadership ne consiste pas à contrôler, mais à contribuer. Non pas à rechercher le privilège, mais à poursuivre un but. Non pas à nourrir l'ego, mais à servir. Lorsque le leadership deviendra culturel — et non exceptionnel —, Haïti connaîtra une transformation plus profonde que toute réforme politique.

Le développement communautaire : le vrai changement commence localement

Les nations ne s'élèvent pas seulement du haut vers le bas ; elles s'élèvent aussi de la base vers le sommet. Le véritable changement commence dans les communautés — dans les quartiers où les gens se connaissent, s'entraident et s'organisent. L'avenir d'Haïti dépend du renforcement de la gouvernance locale, de l'autonomisation des organisations communautaires et de la mobilisation des citoyens à la base.

Le développement communautaire implique la création de groupes d'action locaux axés sur la sécurité, l'éducation, la protection de l'environnement, le soutien à la jeunesse et les opportunités économiques. Cela signifie transformer les quartiers en espaces de fierté, où chacun se sent responsable de son environnement. Les leaders locaux — enseignants, pasteurs, entrepreneurs, parents, mentors de jeunes — doivent devenir les architectes de cette transformation.

La victoire de 2025 a montré que l'unité nationale commence par l'unité locale. Lorsque les communautés fonctionnent comme des équipes, elles deviennent disciplinées, organisées et solidaires — et tout le pays en bénéficie. Jardins communautaires, programmes pour la jeunesse, initiatives d'alphabétisation, patrouilles de sécurité, brigades de salubrité, réseaux de mentorat — ces petites actions produisent un impact national lorsqu'elles se multiplient à travers le pays.

Haïti ne peut pas attendre des miracles des institutions. Elle doit donner à ses communautés les moyens de concrétiser le changement qu'elles souhaitent voir. Une nation s'élève lorsque ses communautés s'élèvent.

Si vous voulez, au prochain passage je peux aussi vous aider à harmoniser tous les titres français de la Partie VI, afin que le style soit parfaitement cohérent dans tout le livre (c'est un détail, mais très important dans les livres internationaux).

Haïti 2030 : une nation réinventée

Si Haïti saisit ce moment, Haïti de 2030 ne ressemblera pas à Haïti d'aujourd'hui. Ce sera une nation renaissante — non pas grâce à l'aide extérieure, mais grâce à une conviction intérieure. Une nation où l'unité se pratique au quotidien. Une nation où le leadership est partagé et non accaparé. Une nation où la jeunesse est valorisée et non ignorée. Une nation où la diaspora est engagée et non distante. Une nation où les communautés construisent elles-mêmes leur propre progrès.

Haïti 2030 peut être un pays où les écoles fonctionnent, où les rues sont sûres, où les institutions inspirent confiance, où l'environnement est protégé, où les familles sont solides et où la fierté nationale s'enracine dans l'action plutôt que dans la nostalgie. Elle peut devenir un pays qui exerce un leadership dans la Caraïbe — grâce à sa culture, à son innovation, à sa résilience et à son autorité morale.

Un Haïti réinventé n'est pas une illusion — c'est une possibilité stratégique. Les graines existent déjà : le talent, la culture, l'intelligence, la spiritualité, la créativité et un peuple indestructible. Ce dont Haïti a besoin maintenant, c'est de coordination, d'engagement et de courage. Si la nation poursuit l'élan amorcé par la victoire, nourrit cet éveil et construit des systèmes à la hauteur de son esprit, alors Haïti 2030 sera retenue comme l'année où le pays a repris en main son destin.

Conclusion : la vision est claire, le choix nous appartient

Une nation qui a autrefois inspiré le monde peut l'inspirer à nouveau. La victoire de 2025 a ouvert l'imagination d'Haïti, mais l'imagination doit désormais devenir intention — et l'intention doit devenir action. L'avenir n'est pas un mystère. C'est une direction. C'est une décision. C'est de la discipline.

Le chemin vers une Haïti réinventée n'est ni impossible ni lointain. Il est à portée de main. Les fondations existent déjà : l'unité, la fierté, le respect international, l'énergie de la jeunesse, l'engagement de la diaspora, la puissance culturelle et une foi renouvelée dans le potentiel d'Haïti. Ce qui reste à mobiliser, c'est la volonté collective.

Et ainsi, une dernière question se pose devant la nation — une question qui définira la prochaine décennie :

Haïti choisira-t-elle de devenir la nation qu'elle sait désormais pouvoir être ?

Si la réponse est oui, Haïti 2030 ne sera pas une prédiction.

Ce sera une promesse.

Une renaissance.

Un triomphe de l'identité, de l'unité et du destin.

RÉFLEXION

1. *Une nation ne se relève pas seulement par la victoire, mais parce qu'elle choisit de faire après.*

2. *Ce qui a été réveillé ne peut plus être ignoré. La question, désormais, est : que faisons-nous ensuite ?*

Chapitre 15

Réinvestir dans ce qui soutient une nation

L'arc de l'histoire d'une nation s'oriente souvent vers des moments qui exigent clarté, courage et renouveau. Haïti est parvenue à l'un de ces moments. La victoire de 2025 a réveillé quelque chose de puissant, mais un éveil émotionnel ne suffit pas. Une nation s'élève grâce à l'investissement — l'investissement dans les esprits, la terre, les structures et les systèmes qui soutiennent la vie.

L'éducation aide les individus à découvrir leur identité. La nature soutient la survie. Les infrastructures façonnent les opportunités. L'agriculture préserve la dignité et l'indépendance économique. Ensemble, ces quatre piliers forment le plan directeur d'une Haïti renouvelée. Si Haïti souhaite une transformation durable, elle doit réinvestir avec audace et intelligence dans les secteurs qui bâtissent des civilisations fortes. Les nations ne renaissent pas par des discours ; elles renaissent par l'action, par des systèmes résilients, par une planification réfléchie et par un engagement inébranlable envers la prochaine génération.

Réinvestir dans l'éducation : construire l'esprit de la nation

L'éducation est le battement de cœur du développement national. L'avenir d'Haïti dépendra non pas de la brillance de quelques-uns, mais de l'éveil intellectuel de millions de personnes. Depuis des décennies, le système éducatif lutte contre des classes surchargées, des enseignants sous-payés, du matériel pédagogique obsolète et de profondes inégalités régionales. Pourtant, Haïti abrite certains des esprits les plus brillants de la Caraïbe : des enfants qui rêvent avec audace, des jeunes qui innovent et des enseignants qui se sacrifient chaque jour.

Réinvestir dans l'éducation ne consiste pas à simplement réparer les écoles ; il s'agit d'éveiller le potentiel intellectuel de tout un peuple. Haïti doit décider que chaque enfant, indépendamment de son lieu de vie ou de son statut social, mérite une éducation de classe mondiale qui le prépare à diriger, à créer et à transformer son environnement.

Une vision éducative renouvelée doit mettre l'accent sur la dignité et la pertinence. Les écoles ne doivent pas seulement enseigner la lecture, l'écriture et les mathématiques, mais aussi la pensée critique, la responsabilité civique, la conscience environnementale, la maîtrise des technologies et les compétences en résolution de problèmes. Haïti ne peut pas se préparer à l'avenir avec un programme conçu pour le passé. La nation doit former des ingénieurs capables de construire ses routes, des agronomes capables de restaurer ses sols, des enseignants capables d'élargir les consciences et des leaders capables de changer sa trajectoire. L'éducation doit devenir le principal facteur d'égalité, le grand libérateur et le moteur de la reconstruction d'Haïti.

Mais le réinvestissement va au-delà des salles de classe ; il concerne aussi la culture — une culture qui valorise l'apprentissage plutôt que les raccourcis, la préparation plutôt que l'improvisation et le savoir plutôt que le hasard. Les parents doivent considérer l'école comme une responsabilité sacrée. Les enseignants doivent être honorés comme des bâtisseurs de la nation. Les communautés doivent considérer l'éducation comme un devoir collectif. Une nation grandit lorsque l'apprentissage devient un mode de vie plutôt qu'une obligation. Lorsque Haïti réinvestit dans l'éducation, elle réinvestit dans son âme — et l'âme d'un pays détermine la force de son avenir.

Réinvestir dans la nature et l'environnement : guérir la terre qui nous soutient

La terre d'Haïti a porté son peuple pendant des siècles, le nourrissant, l'abritant et le protégeant. Pourtant, elle a été profondément blessée par la déforestation, l'érosion, la pollution et la négligence. Une nation ne peut s'élever tandis que son sol meurt. Réinvestir dans la nature n'est pas un luxe ; c'est une nécessité de survie. Haïti doit entrer dans une nouvelle ère environnementale, fondée sur le respect de la terre, la protection des écosystèmes et la restauration des ressources naturelles.

Les programmes de reboisement doivent devenir des priorités nationales, et non des projets occasionnels. Les rivières doivent être réhabilitées, les montagnes replantées et les zones côtières protégées contre la dégradation. Lorsque la nature guérit, les communautés guérissent.

La protection de l'environnement doit également devenir une pratique éducative et culturelle. Les jeunes doivent apprendre à planter, à protéger et à préserver. Les agriculteurs doivent être soutenus par des outils durables et des techniques modernes. La conscience climatique doit devenir une composante de la conscience nationale. La vulnérabilité d'Haïti face aux ouragans, aux inondations et aux sécheresses n'est pas seulement géographique ; elle est aussi structurelle.

Investir dans l'environnement signifie préparer la nation aux défis climatiques futurs et veiller à ce que les communautés puissent résister, s'adapter et prospérer. La terre est le premier héritage de la nation ; elle doit aussi en faire sa priorité.

Plus important encore, réinvestir dans la nature reconnecte Haïti à son identité. Les montagnes qui ont abrité les insurgés, les rivières qui ont nourri des générations, les plaines fertiles qui ont autrefois alimenté des villes entières — ce ne sont pas seulement des ressources ; ce sont le patrimoine vivant du peuple haïtien. Guérir la terre n'est pas seulement un travail écologique ; c'est une restauration historique.

Un environnement sain crée des communautés fortes, des familles solides et une nation robuste. En restaurant son environnement et son agriculture, Haïti restaure sa relation avec son passé et assume sa responsabilité envers les générations futures. Prendre soin de l'environnement devient un acte de dignité nationale, rappelant que la survie de la nation est inséparable de la santé de son sol, de son eau et de son âme.

Réinvestir dans les infrastructures : bâtir les fondations d'une nation moderne

Aucun pays ne peut s'élever sans infrastructures. Routes, ponts, systèmes énergétiques, réseaux d'eau, ports et connectivité numérique — ce sont les artères par lesquelles circulent les opportunités.

Haïti souffre depuis longtemps de la fragilité de ses infrastructures, ce qui rend les transports difficiles, le commerce lent et la cohésion nationale presque impossible. Réinvestir dans les infrastructures est essentiel pour la croissance économique, la sécurité nationale et la stabilité sociale.

Un Haïti moderne exige des fondations modernes : des routes fonctionnelles qui relient les agriculteurs aux marchés, une électricité stable qui alimente les entreprises, des systèmes d'eau fiables qui protègent la santé publique et des réseaux numériques qui connectent Haïti à l'économie mondiale.

Les infrastructures sont plus que du béton et de l'acier ; elles constituent le cadre de l'égalité. Lorsque le développement atteint les zones reculées, la pauvreté diminue. Lorsque les enfants peuvent se rendre à l'école en toute sécurité, leurs résultats scolaires s'améliorent. Lorsque les petites entreprises ont accès à l'électricité, leur productivité augmente. Lorsque les communautés disposent d'eau potable, la dignité revient. Les infrastructures sont les bâtisseurs silencieux des opportunités.

Haïti doit les considérer comme une priorité stratégique. Reconstruire la nation exige de reconstruire les systèmes qui soutiennent la vie quotidienne.

Pour réussir, Haïti doit adopter une approche stratégique à long terme. Les projets doivent être transparents, centrés sur les communautés et résistants à la corruption. Les partenariats avec la diaspora, les donateurs internationaux et les investisseurs privés doivent être utilisés avec discernement.

Les routes doivent être construites pour durer, et non pour s'effondrer à la prochaine tempête. Haïti a besoin d'infrastructures qui reflètent sa dignité — solides, fiables et transformatrices.

Sans cette base, aucune autre réforme ne peut tenir. Ce n'est que lorsque Haïti s'engagera à construire avec intégrité, clairvoyance et responsabilité que le progrès durable pourra prendre racine. Des infrastructures fondées sur la transparence et la responsabilité partagée deviendront l'épine dorsale du renouveau national.

Avec ces fondations en place, Haïti pourra transformer sa vision en un développement durable au service des générations présentes et futures.

Réinvestir dans l'agriculture : restaurer l'indépendance et nourrir la nation

L'agriculture demeure l'une des plus grandes forces inexploitées d'Haïti. Autrefois puissance agricole régionale, le pays importe aujourd'hui une grande partie de sa nourriture — un renversement douloureux provoqué par la déforestation, une irrigation insuffisante, le manque d'outils, des marchés instables et un soutien gouvernemental limité. Réinvestir dans l'agriculture n'est pas seulement une nécessité économique ; c'est une question de souveraineté. Une nation qui ne peut pas se nourrir elle-même ne peut pas se développer pleinement. Haïti doit retourner à la terre, non pas par nostalgie, mais par l'innovation.

L'agriculture moderne exige des technologies, de la formation, des systèmes d'irrigation, des coopératives et un accès aux marchés. Haïti doit donner aux agriculteurs les moyens d'agir en leur fournissant des outils, des semences, des équipements et des crédits. Les universités doivent collaborer avec les communautés rurales afin d'introduire des pratiques durables. Les jeunes doivent être encouragés à considérer l'agriculture non pas comme un symbole de pauvreté, mais comme une profession honorable, rentable et essentielle. Les économies les plus dynamiques du monde ont un point commun : elles nourrissent d'abord leur propre population. Haïti peut en faire autant.

Le réinvestissement agricole est aussi un réinvestissement culturel. La terre porte la mémoire. Planter est un acte de foi. Cultiver est un acte d'identité. Un secteur agricole renouvelé réduirait la faim, stabiliserait les économies rurales, renforcerait les familles et transformerait le développement à long terme d'Haïti. Lorsque Haïti réinvestit dans l'agriculture, elle réinvestit dans la vie elle-même.

Conclusion : le plan d'une nation renouvelée

Réinvestir dans l'éducation, la nature, les infrastructures et l'agriculture n'est pas seulement un plan de développement ; c'est une renaissance nationale. Ces quatre piliers constituent les fondements d'une société forte. Sans citoyens éduqués, une nation ne peut pas penser. Sans une terre saine, elle ne peut pas survivre. Sans infrastructures, elle ne peut pas se développer. Sans agriculture, elle ne peut pas prospérer. Haïti doit considérer ces piliers non pas comme des secteurs isolés, mais comme un système interconnecté capable de transformer son destin.

L'exploit de l'équipe nationale haïtienne de football en 2025 a réveillé la fierté, l'unité et l'espoir — mais l'espoir seul ne suffit pas à reconstruire une nation. Ce sont les systèmes qui reconstruisent les nations. La vision reconstruit les nations. La discipline reconstruit les nations. Haïti se trouve aujourd'hui face à une occasion extraordinaire de se reconstruire de l'intérieur. Le choix est clair : investir en profondeur ou risquer de manquer cette opportunité. S'élever avec audace ou rester fragile. Construire stratégiquement ou continuer à improviser. L'avenir appartiendra aux nations qui s'y préparent, et Haïti doit choisir la préparation.

Si Haïti réinvestit avec clarté, courage et responsabilité collective, les décennies à venir ne seront pas définies par la crise, mais par le renouveau. La nation qui a autrefois ébranlé les empires peut se relever — non par l'émotion, mais par l'éducation, la nature, les infrastructures et l'agriculture. Le plan est là. L'appel est clair. Le moment est venu.

RÉFLEXION

1. Un peuple nouveau ne naît pas d'un seul moment, mais d'un choix répété.

2. Chaque pas, chaque décision, trace le chemin de ce qu'il deviendra.

Chapitre 16

Le chemin d'un peuple nouveau

Dans l'histoire de chaque nation, il existe de rares moments où l'histoire, la souffrance, l'espérance et la destinée se rencontrent en un seul point de lumière. Le triomphe de 2025 a offert à Haïti un tel moment. Il n'a pas effacé les défis, ni transformé la réalité du jour au lendemain, mais il a réveillé quelque chose de plus profond, de plus précieux, de plus vital : la conscience nationale. Pour la première fois depuis longtemps, les Haïtiens se sont vus non pas comme un peuple brisé, mais comme un peuple capable, digne et porteur d'une lumière qui attend de briller. Le chemin qui s'ouvre devant Haïti n'est pas facile, mais il est possible. Et parfois, dans la vie d'un peuple, la possibilité elle-même est déjà un miracle.

La victoire a révélé une vérité que beaucoup avaient oubliée : Haïti est toujours capable d'unité, de rêve et de triomphe. Elle a ravivé une lumière qui n'était pas morte — seulement étouffée par les tempêtes du temps. Et maintenant, à ce carrefour de son histoire, la nation se trouve face à une question fondamentale : que fera-t-elle de cet éveil ?

La traversée d'un peuple : quand Dieu transforme les obstacles en chemins

Le simple fait qu'Haïti ait survécu à toutes les tragédies qui l'ont frappée révèle une vérité profonde : la douleur peut devenir une force, l'humiliation peut devenir honneur, et une impasse peut devenir délivrance. Cette nation est faite d'hommes et de femmes qui ont été brisés mais jamais détruits ; courbés mais jamais écrasés ; blessés mais jamais vaincus. Elle porte en elle une endurance qui défie la logique humaine, un courage qui traverse les siècles et demeure aujourd'hui.

Oui, Haïti a traversé des périodes sombres : l'insécurité, les pertes, la corruption, les catastrophes et la violence. Mais ces saisons ne sont pas la fin de l'histoire. Elles sont le sol à partir duquel une transformation peut encore naître. De même que la mer Rouge, qui se dressait comme une barrière impossible devant les enfants d'Israël, devint une route de délivrance et une tombe pour leurs oppresseurs, Haïti peut-elle, elle aussi, voir ses impossibilités devenir ses possibilités ? Les tragédies qui ont cherché à étouffer la nation peuvent devenir les preuves mêmes de sa résurrection.

Nous nous souvenons encore des paroles mémorables de Moïse, prononcées lorsque Israël se tenait entre le danger et la destinée :

Tenez-vous tranquilles. L'Éternel combattra pour vous.
Les Égyptiens que vous voyez aujourd'hui,
vous ne les reverrez plus jamais.
— *Exode 14 :13–14*

De la même manière, les ennemis modernes d'Haïti — les gangs qui tuent et enlèvent, ceux qui trafiquent les organes des innocents, les politiciens corrompus qui se nourrissent de la souffrance collective, les profiteurs qui transforment la douleur en gain personnel — ces oppressions, Haïti les verra un jour disparaître. Aucune force destructrice ne peut survivre à un peuple qui s'éveille.

Les véritables fils et filles d'Haïti ne sont pas ceux qui pillent la nation, mais ceux qui la protègent. Ce sont des soldats du courage, des bâtisseurs silencieux, des sentinelles fidèles. L'heure est venue de se lever ensemble, comme un seul corps, contre les vers qui ont dévoré la nation depuis bien trop longtemps. Comme l'écrivait l'auteur du Chant d'Espérance haïtien :

Levez-vous, sainte cohorte, soldats du Roi des rois !
Levez-vous ! Levez-vous encore une fois !
Ce chant n'est pas seulement un hymne — c'est un appel.
Un appel spirituel.
Un appel civique.
Un appel à défendre la dignité d'Haïti, à protéger ce qui demeure et à reconstruire ce qui doit renaître.

Haïti entre deux mondes : le passé qui s'efface, l'avenir qui appelle

Haïti se tient aujourd'hui sur une ligne de fracture où deux mondes se rencontrent : le monde qu'elle a enduré et le monde qu'elle peut devenir. D'un côté se trouvent les blessures accumulées au fil des décennies de crises, d'instabilité, de fragmentation sociale et de peur devenue une habitude. De l'autre côté se profile un horizon fragile mais réel : celui d'une nation qui se relève, qui réapprend à marcher et qui commence à croire de nouveau qu'elle mérite un avenir.

Entre ces deux mondes, Haïti traverse un moment décisif. La destinée n'est pas un don ; c'est un choix. L'avenir n'est pas donné, il se construit. La renaissance n'est pas spontanée ; elle se saisit.

Et pourtant, malgré les épreuves, Haïti porte déjà en elle les graines de son renouveau. Sa foi profonde est une forteresse morale. Son identité, unique et forgée dans les luttes de l'histoire, demeure une source de force. Sa diaspora, riche en talents, est une extension vivante du pays. Sa jeunesse, pleine de créativité, d'énergie et de courage, représente un trésor encore sous-exploité. Sa culture, inépuisable, continue de briller même dans l'obscurité. Sa résilience défie toute logique.

Ce qui manque à Haïti, ce n'est ni la force ni la créativité.

Ce qui manque, c'est la décision collective de changer.

La nation qui doit devenir ce qu'elle est déjà

La renaissance d'Haïti ne viendra ni d'une puissance étrangère, ni d'un dirigeant providentiel, ni d'un miracle politique soudain. Elle naîtra d'un mouvement intérieur — un éveil où chaque Haïtien, au pays comme à l'étranger, comprendra que sa vie, sa voix et ses choix façonnent réellement l'avenir de la nation.

Le pays changera lorsque :

- les citoyens choisiront la dignité plutôt que la violence,
- les jeunes choisiront la vision plutôt que le découragement,
- les dirigeants choisiront la responsabilité plutôt que la corruption,
- les communautés choisiront l'unité plutôt que la division,
- les familles choisiront l'éducation plutôt que la résignation.

Haïti peut avoir besoin d'assistance, de soutien et même d'une intervention urgente — mais ce n'est ni une nation sans force ni une nation condamnée à jamais. Elle a besoin d'être activée.

Haïti n'a pas besoin d'être consolée — elle n'est pas détruite. Elle est blessée — mais toujours debout.

Haïti n'a pas besoin d'un miracle extérieur — elle est déjà un miracle historique :

- le premier peuple noir à renverser l'esclavage,
- la première nation à proclamer l'universalité de la liberté humaine.

Haïti doit redevenir ce qu'elle a toujours été : un peuple courageux, créatif et profondément digne.

Appel à la conscience nationale

Au-delà des chants, des célébrations et de l'euphorie qui ont suivi la victoire de 2025, quelque chose de plus profond appelle la nation. Ce moment n'était pas simplement un triomphe sportif — il a révélé une vérité longtemps enfouie, une force collective que le pays avait presque oubliée. Cet appel s'adresse à chaque citoyen, à chaque famille, à chaque jeune, à chaque membre de la diaspora. Il nous rappelle que l'avenir d'Haïti dépend non seulement des événements, mais aussi de la conscience que nous choisissons d'éveiller. La transformation nationale commence toujours dans le cœur du peuple.

Section 1 : Un triomphe qui dépasse le sport

Se qualifier pour la Coupe du monde n'est jamais le simple résultat d'un entraînement ou d'une organisation de base, même pour des nations riches, stables et bien structurées. Dans le cas d'Haïti — un pays appauvri, fracturé, dépourvu d'infrastructures, privé d'un État fonctionnel et marqué par l'instabilité sociale — ce triomphe a exigé bien davantage qu'un simple programme sportif. Il a requis une profonde introspection, du courage moral, des sacrifices et un niveau de discipline personnelle que peu de nations sur la Terre auraient pu mobiliser dans de telles circonstances. Cet engagement n'était pas le fruit du hasard ; il était le résultat d'une détermination collective, d'un amour viscéral pour la nation et d'une volonté presque surnaturelle par son intensité — une volonté de se montrer digne devant l'histoire.

Trop souvent, les observateurs lointains considèrent une qualification comme un événement ordinaire — une simple ligne de plus sur un calendrier sportif. Mais pour Haïti — isolée, blessée et abandonnée — ce fut un acte de renaissance. Lorsqu'on se rappelle qu'il existe plus de deux cents pays dans le monde et que seuls quelques-uns se qualifient pour la Coupe du monde, l'exploit d'Haïti devient d'autant plus saisissant. Combien de nations bien plus riches, dotées d'infrastructures modernes, de centres d'entraînement d'élite et de budgets considérables, n'ont pas réussi à se qualifier cette année-là ? Combien de pays puissants, organisés et politiquement stables n'ont pas franchi le seuil que de jeunes Haïtiens — formés dans l'adversité — ont franchi ?

Ce contraste révèle une vérité fondamentale : l'extraordinaire passe souvent inaperçu lorsque l'on oublie comment reconnaître les miracles. Haïti ne s'est pas contentée de gagner un match ; elle a défié la logique habituelle.

Section 2 : Haïti au bord de l'abîme

Considérons un instant Haïti — un pays presque réduit à un nom, une terre dévastée, effondrée et dépouillée jusqu'à l'os. C'est un pays sans sécurité, sans système de santé fonctionnel, sans électricité stable, sans infrastructures solides, sans production suffisante, sans institutions pleinement opérationnelles et sans direction claire. Une nation livrée à elle-même, abandonnée et exposée au regard du monde, où tout semble s'effondrer, glisser vers la décomposition et s'abîmer dans un abîme sans fond.

Et pourtant, malgré l'impossibilité apparente, l'effondrement et ce qui ressemble à une mort annoncée, Haïti continue de lutter. Comment un pays aussi brisé peut-il encore se relever ? Espérer ? Croire ? Il n'existe qu'une seule réponse : une force surnaturelle soutient Haïti. Sans cette force — sans cette main invisible qui la porte — Haïti aurait depuis longtemps été comptée parmi les nations disparues.

Comme l'a écrit le psalmiste : « Si l'Éternel n'avait pas été pour nous… nos ennemis nous auraient engloutis vivants » (Psaume 124 :1–3). Pourtant, Haïti demeure debout. Haïti est semblable à un arbre planté près d'un cours d'eau, qui donne son fruit en sa saison, même lorsque les tempêtes secouent ses branches (Psaume 1 :3). Haïti n'est pas achevée. Elle respire encore. Elle porte encore une promesse.

Section 3 : Un appel urgent aux fils et aux filles d'Haïti

Pour toutes ces raisons, je lance un appel — un appel profond, urgent et vital — aux fils et aux filles d'Haïti.

Réveillez-vous. Ouvrez les yeux. Comprenez qui vous êtes et de quoi vous êtes capables. Unissez-vous. Organisez-vous. Levez-vous. Restaurez la fierté d'Haïti. Ne laissez pas mourir l'héritage de vos ancêtres.

L'équipe nationale a déjà commencé. Elle a montré le chemin. Elle a prouvé que même lorsqu'une nation touche le fond, un peuple déterminé peut encore atteindre le sommet. Elle a démontré qu'Haïti n'a pas besoin d'attendre des politiciens ordinaires — les gaspilleurs, les corrompus, les criminels et les fossoyeurs de l'espoir. Ce pays attend ses enfants — ses véritables enfants — ceux qui portent Haïti dans leur âme.

Souvenez-vous de ce qu'est Haïti : un peuple fort et immense, un peuple vigoureux, courageux et créatif, un peuple de prière, de foi et de persévérance, un peuple que Dieu n'a jamais abandonné. Haïti peut renaître. Haïti doit renaître. Et cette renaissance commencera le jour où chaque Haïtien décidera de lever le drapeau — non pas comme un symbole de douleur, mais comme un serment de renouveau.

Section 4 : Les souvenirs d'hier : l'unité comme mode de vie

Souvenez-vous du passé — du temps où les Haïtiens vivaient comme frères et sœurs dans leurs quartiers, assis ensemble sur les galeries, partageant le peu qu'ils avaient avec générosité et simplicité. Nous mangions ensemble, riions ensemble et veillions les uns les autres. Les portes restaient ouvertes — et les cœurs aussi. L'esprit de communauté était fort, vivant, sacré.

À cette époque, la devise nationale n'était pas seulement des mots inscrits sur un drapeau. « L'union fait la force » était un mode de vie. Ce que les politiciens destructeurs n'ont jamais compris — ou n'ont jamais voulu comprendre — est pourtant simple : ils auraient eux-mêmes prospéré s'ils avaient traité le pays avec dignité. Ils auraient pu être riches — encore plus riches — s'ils avaient choisi de développer Haïti plutôt que de la piller.

Un Haïti stable, sûr, organisé et prospère enrichit tous ses enfants — même ses dirigeants — s'ils osent construire plutôt que détruire. L'avenir d'Haïti dépendra de savoir si ses dirigeants choisiront de restaurer cet esprit d'unité — ou de continuer à le trahir.

Section 5 : Le message spirituel — le chemin du renouveau

Le développement n'est pas un mystère. Reconstruire l'État. Établir la sécurité. Protéger les citoyens. Créer des infrastructures. Soutenir l'éducation. Valoriser le travail honnête. Rétablir la justice. Tels sont les fondements de toutes les nations prospères du monde. Ce que d'autres ont accompli ailleurs, nous pouvons l'accomplir ici — si nous choisissons de le faire.

Il est essentiel de reconnaître que la qualification de l'équipe nationale pour 2025 revêt une importance particulière. Ce n'est ni une coïncidence ni un accident sportif. C'est un appel. Un signe. Un avertissement. Une invitation divine à reprendre en main notre destin national. Qui aurait cru qu'un pays presque effacé de la carte du monde — sans gouvernement fonctionnel, sans infrastructures, sans sécurité, dominé par des gangs — pourrait accomplir ce que des nations puissantes et riches n'ont pas réussi à réaliser ?

Ce que beaucoup appellent une « simple qualification » est en réalité un miracle stratégique, humain, psychologique et spirituel. Cela a exigé de la discipline, de la conviction, de la gratitude, d'un profond sens du devoir et d'un courage enraciné dans la foi.

Le succès de cette équipe est un appel adressé à toute la nation — un appel à abandonner la haine, la division, la trahison et le découragement ; un appel à redevenir un peuple conscient, intègre, sage et uni. Car Dieu a déjà déclaré :

> Si mon peuple, qui est appelé par mon nom,
> s'humilie, prie, cherche ma face
> et se détourne de ses mauvaises voies,
> alors je… guérirai son pays.
>
> — 2 Chroniques 7 :14

Haïti peut être guérie. Haïti peut renaître. Haïti peut redevenir fort. Mais cette renaissance ne dépend pas des politiciens — elle dépend de nous : de notre unité, de notre conscience, de notre foi, de notre discipline et de notre amour pour cette nation que Dieu n'a jamais abandonnée.

Cette génération saisira-t-elle ce moment pour devenir les architectes d'un nouveau Haïti ?

Postface

La décision qui demeure

Toute victoire finit par s'apaiser. Les chants s'estompent, les rues se vident et le bruit se transforme en souvenir. Ce qui demeure n'est pas le son de la célébration, mais le poids de sa signification. Le triomphe d'Haïti en 2025 a réveillé quelque chose de profond, car il a rappelé à un peuple blessé qui il est. Il a dépassé le terrain pour atteindre l'âme collective de la nation. Pourtant, les rappels, à eux seuls, ne reconstruisent pas les nations. Ils révèlent ce qui est possible. La possibilité est l'étincelle, non la structure. L'éveil est le commencement, non la destination. Ce qui suit détermine si l'espoir survivra ou disparaîtra. Une étincelle peut allumer l'avenir ou s'éteindre dans l'obscurité. L'issue dépend entièrement de ce qui sera construit ensuite.

Ce livre n'a jamais été écrit pour préserver un simple moment de joie. Il a été écrit pour affronter ce qui suit la joie. L'histoire montre que les nations ne sont pas transformées uniquement par des éveils, mais par ce qu'elles en font ensuite. L'émotion ouvre la porte, mais la discipline décide si un peuple la franchit. Haïti se tient maintenant précisément à cet endroit — entre l'inspiration et la responsabilité, entre la mémoire et l'action. Les moments passent rapidement, mais les conséquences demeurent. Les choix faits après la célébration façonnent l'avenir. C'est là que le destin prend forme en silence. Le silence qui suit une célébration n'est jamais neutre. Il prépare soit le renouveau, soit le déclin.

La victoire a révélé une vérité dont beaucoup avaient commencé à douter en silence : l'unité n'est pas un mythe. Elle s'est manifestée naturellement, sans contrainte, sans idéologie, sans instruction. Les Haïtiens, dans les différentes régions, classes sociales, langues et frontières, ont ressenti la même fierté simultanément. Cette unité ne venait ni d'une politique ni d'une persuasion. Elle venait d'une reconnaissance. Pendant une nuit, la nation s'est clairement vue — intacte, capable et digne d'espérance. Cette vision comptait parce qu'elle était réelle. Elle montrait ce que Haïti peut être lorsque la division relâche son emprise. Elle offrait un aperçu de la nation dans ce qu'elle a de meilleur. De tels moments sont rares, mais jamais accidentels. Ils révèlent ce qui a toujours été possible sous la surface.

Mais la clarté est fragile. Sans intention, elle s'efface et retombe dans ses habitudes. Sans structure, elle se dissout dans la nostalgie. De nombreuses nations ont célébré de tels moments, puis sont retournées en silence à leurs anciens schémas. Le danger n'est pas l'échec ; la menace est d'oublier ce qui a été brièvement révélé. L'oubli est la manière dont les nations perdent leur élan. Se souvenir — avec intention — est la manière dont elles avancent. La mémoire doit être protégée pour rester puissante. Le sens doit ancrer le souvenir dans l'action. Sinon, la clarté devient une illusion passagère. L'histoire est remplie d'éveils qui n'ont pas été protégés. Ce qui n'est pas protégé finit toujours par être perdu.

C'est ici que la responsabilité entre en jeu. La responsabilité n'est pas spectaculaire. Elle ne crie pas, ne défile pas et ne devient pas une tendance. Elle apparaît dans de petites décisions répétées avec constance — dans la manière dont les dirigeants gouvernent, dont les citoyens participent, dont les communautés se protègent les unes les autres et dont la vérité est dite lorsque le silence semble plus sûr. La responsabilité est la force discrète qui transforme les moments en mouvements. Elle fait la différence entre un souvenir qui s'efface et un avenir qui se construit. Elle est portée par les individus avant de se refléter dans les institutions. Elle grandit lentement, mais façonne tout ce qu'elle touche. Sans elle, même les moments les plus marquants se dissolvent. La responsabilité est rarement célébrée, mais demeure toujours décisive. Les nations sont reconstruites par ceux qui les portent fidèlement.

Aucun dirigeant ne peut porter seul cette responsabilité. Aucune institution ne peut l'assumer à la place du peuple. Les nations s'élèvent lorsque des citoyens ordinaires assument un niveau extraordinaire de responsabilité à l'égard de leur avenir. L'histoire d'Haïti n'a jamais été écrite dans le confort. Elle a toujours été écrite par le courage — par des hommes et des femmes qui ont choisi l'action lorsque l'attente semblait plus facile, et l'intégrité lorsque le compromis semblait plus commode. Le progrès a toujours dépendu d'une détermination collective. L'histoire se souvient de ceux qui se sont levés, non de ceux qui sont restés à l'écart — le courage se multiplie lorsque la responsabilité est partagée. Le changement s'accélère lorsque le courage devient collectif. Aucune nation ne s'élève dans l'isolement.

L'équipe nationale a réussi parce que la discipline était pratiquée bien avant que le monde ne s'en rende compte. L'entraînement se déroulait dans l'ombre. Les sacrifices se faisaient sans applaudissements. La confiance s'est construite par la répétition, non par les discours. Ces principes ne s'appliquent pas seulement au sport. Ils s'appliquent aussi à l'éducation, à la gouvernance, à la foi, à la vie communautaire et à la reconstruction nationale. Le succès est rarement soudain ; il est le résultat visible d'une constance invisible. Ce qui a fonctionné sur le terrain peut fonctionner dans la société. La formule n'est pas mystérieuse ; elle est simplement exigeante. La discipline demeure le moteur discret du succès durable. L'excellence est toujours précédée de la préparation. Il n'existe aucun raccourci vers une victoire durable.

Il existe une tentation d'attendre — attendre la stabilité, attendre un leadership parfait, attendre un secours extérieur, attendre un nouveau miracle. Mais l'attente n'a jamais sauvé Haïti. Le progrès a toujours commencé lorsque des personnes ont agi malgré l'incertitude. L'avenir n'exige pas la perfection ; il exige la participation. Les nations n'avancent pas lorsque les conditions sont idéales. Elles avancent lorsque la conviction l'emporte sur la peur. L'action interrompt la stagnation. Le courage brise la paralysie. Le mouvement commence lorsque les excuses prennent fin. Le retard entraîne ses propres conséquences. L'inaction renforce silencieusement les conditions mêmes que l'on espère voir changer.

Pour ceux qui vivent à l'étranger, ce moment comporte aussi sa propre part de responsabilité. La distance n'efface pas le devoir. La diaspora n'est pas un public qui observe les événements de loin ; elle est une extension vivante de la nation. Les compétences, les ressources, l'influence et la voix comptent toutes lorsqu'elles sont guidées par l'humilité et la coopération. Haïti n'a pas besoin de spectateurs — elle a besoin de partenaires prêts à construire patiemment, à écouter avec respect et à contribuer avec responsabilité. Le lien doit devenir un engagement. La fierté doit mûrir en participation. La distance ne doit jamais devenir un désengagement. L'appartenance se prouve par la contribution. L'identité porte à la fois une obligation et une fierté.

Pour ceux qui vivent au pays, la responsabilité est d'autant plus intime. Elle se manifeste dans les choix quotidiens — rejeter la violence, protéger la dignité, éduquer les enfants, refuser la corruption, honorer le travail et choisir l'unité plutôt que la division. Les nations se reconstruisent lentement, souvent de manière invisible, grâce à des personnes qui refusent d'abandonner leurs valeurs, même à un prix élevé. Ces actes silencieux, multipliés au fil du temps, façonnent un pays plus puissamment que n'importe quel événement isolé. Chaque choix laisse une trace. Chaque action renforce une direction. L'intégrité quotidienne devient une force nationale. Les plus petites décisions portent souvent le plus grand poids. La constance transforme les valeurs en culture.

Ce livre n'offre aucune garantie. Il offre un miroir. Il reflète ce qu'Haïti incarne déjà : l'intelligence, la résilience, la créativité, la foi et une volonté inflexible de persévérer. Ces qualités ont survécu à chaque tempête, à chaque trahison, à chaque saison d'épreuve. La question n'est pas de savoir si Haïti possède la force, mais si cette force sera désormais organisée en vue d'un avenir commun. Le potentiel seul ne suffit jamais. La force doit être structurée pour durer. L'unité confère du pouvoir à ce qui existe déjà. Une force sans direction s'épuise. Une force orientée transforme l'histoire.

Le destin d'une nation n'est jamais scellé par un seul événement. Il est façonné par des millions de décisions silencieuses prises par la suite. La victoire de 2025 a ouvert une porte, mais les portes ne font pas avancer les peuples — les décisions, oui. Chaque génération est rappelée non pas pour ce qu'elle a ressenti, mais pour ce qu'elle a choisi de construire lorsque l'émotion s'est dissipée. L'émotion s'efface, mais les conséquences demeurent. Les choix survivent aux célébrations. L'héritage se forme lorsque l'enthousiasme cède la place à la détermination. Le temps finit toujours par éprouver chaque intention. Seul l'engagement résiste à cette épreuve.

Si ce moment ne devient qu'une histoire, il disparaîtra. S'il devient une norme, il perdurera. Les normes façonnent les comportements. Les comportements construisent les systèmes. Les systèmes déterminent les résultats. C'est ainsi que les nations se transforment — non soudainement, ni dramatiquement, mais de manière décisive et au fil du temps. La constance remplace le chaos. La discipline remplace le désordre. La direction remplace la dérive. Les normes ne s'annoncent pas ; elles s'imposent par la pratique. Ce qui est toléré finit par devenir normal.

La responsabilité appartient désormais à tous ceux qui ont senti quelque chose s'éveiller durant ce moment d'unité. Le sentiment seul ne suffit pas. Ce qui compte, c'est ce qui le remplace lorsque la routine revient. L'avenir demandera si cette génération a protégé ce qu'elle a brièvement redécouvert — ou si elle l'a laissé lui échapper. Les éveils exigent des gardiens. L'unité demande à être cultivée. La négligence est le chemin le plus rapide vers la fragmentation. Ce qui n'est pas nourri ne dure pas. La responsabilité de garder détermine la survie.

La décision qui reste est simple, mais exigeante. Haïti portera-t-elle cet éveil vers l'avenir, ou le laissera-t-elle se dissoudre dans la mémoire ? L'unité deviendra-t-elle une habitude, ou restera-t-elle une exception ? La fierté mûrira-t-elle en responsabilité ? Ces questions ne peuvent pas être reportées. Elles pressent le moment présent. Elles exigent des réponses par l'action. Le silence lui-même est une réponse. L'inaction est aussi une décision.

L'histoire observe en silence. La prochaine génération aussi. Elle ne demandera pas ce que nous avons célébré. Elle demandera ce que nous avons construit. Et elle vivra à l'intérieur de cette réponse. L'avenir héritera de nos choix. Il en ressentira le poids. Il jugera leur sagesse. Il en subira aussi les conséquences. Ce que nous choisissons aujourd'hui résonnera bien au-delà de nous.

À tous ceux qui ont lu ce livre, je vous encourage à passer de la réflexion à l'action — non par obligation, mais par conviction, guidés par la conscience, la foi et la responsabilité. L'Appel à agir a été conçu pour soutenir la réflexion personnelle, la discussion en groupe et les prochaines étapes concrètes. Il vise à aider les individus et les communautés à traduire leurs convictions en actions cohérentes et significatives pour reconstruire Haïti.

Annexe A

Célébrations publiques après la qualification d'Haïti

Figure A1

Célébrations dans les rues après la qualification d'Haïti pour la Coupe du monde de la FIFA.

Source: Associated Press (2025).

Associated Press. (2025, 19 novembre). *Haiti's troubles fade briefly as it revels in World Cup qualification.* AP News. https ://apnews.com/article/1fa07a3775a76465b47938f479efc40b

Figure A2

Des supporters haïtiens célèbrent à Port-au-Prince après la victoire de l'équipe nationale.

Source : El País (2025).

El País. (2025, 20 novembre). *Así selló Haití una gesta al clasificarse al Mundial sin pisar un país acorralado por la violencia.* https://elpais.com/america/2025-11-20/asi-sello-haiti-una-gesta-al-clasificarse-al-mundial-sin-pisar-un-pais-acorralado-por-la-violencia.html

Figure A3

Des supporters brandissent des drapeaux haïtiens lors des célébrations nationales.

Source: The Washington Post (2025).

The Washington Post. (2025). *Supporters waving Haitian flags during national celebrations.*

Figure A4

Des habitants célèbrent dans les rues du Cap-Haïtien après qu'Haïti a battu le Nicaragua et s'est qualifié pour la Coupe du monde de la FIFA.

Source: The Haitian Times (2025).

The Haitian Times. (2025, 19 novembre). *Cap-Haïtien lit up with joy as residents flooded the streets after Haiti defeated Nicaragua* [publication Instagram]. Instagram. https ://www.instagram.com/p/DROe_rjlceX/

Références réveillé

Associated Press. (2025, 19 novembre). *Haiti's troubles fade briefly as it revels in World Cup qualification.* AP News. https ://apnews.com/article/1fa07a3775a76465b47938f479efc40b

Banque mondiale. (2024). *Envois de fonds personnels reçus (% du PIB) – Haïti.* https://data.worldbank.org/indicator/BX.TRF.PWKR.DT.GD.ZS?locations=HT

Banque mondiale. (2024). *Envois de fonds personnels reçus (en dollars américains courants) – Haïti.* https://data.worldbank.org/indicator/BX.TRF.PWKR.CD.DT?locations=HT

Banque mondiale. (2019). *Tirer parti de la migration économique pour le développement : Note d'information à l'intention des décideurs politiques.* https ://www.worldbank.org

Casimir, J. (2018). *Une lecture décoloniale de l'histoire des Haïtiens.* Éditions de l'Université d'État d'Haïti.

Charles, C. (2012, novembre). *Bataille de Vertières & Dr. Carolle Charles : En avant !* Voices from Haiti: Nou Bèl. Et Nous, Là. https ://www.voicesfromhaiti.com/2012/11/bataille-de-vertieres-dr-carolle-charles-en-avant/

Chéry, D. (2011, 1er novembre). *Toussaint L'Ouverture, the genius who embodied the Enlightenment.* Haiti Chery. https ://haitichery.com/2011/11/01/toussaint-louverture-the-genius-who-embodied-the-enlightenment/

Dubois, L. (2012). *Haïti : L'après-coup de l'histoire.* Metropolitan Books.

Durkheim, E. (1995). *Les formes élémentaires de la vie religieuse* (trad.). Presses universitaires de France. (Œuvre originale publiée en 1912)

El País. (2025, 20 novembre). *Así selló Haití una gesta al clasificarse al Mundial sin pisar un país acorralado por la violencia.* https://elpais.com/america/2025-11-20/asi-sello-haiti-una-gesta-al-clasificarse-al-mundial-sin-pisar-un-pais-acorralado-por-la-violencia.html

Jefferson, T. (1793/2021). *Jefferson on the Haitian Revolution*. Digital History. https ://www.digitalhistory.uh.edu/disp_textbook.cfm ?smtID=3&psid=222

Organisation de coopération et de développement économiques (OCDE). (2020). *Mobiliser les diasporas pour le développement.* https ://www.oecd.org

The Haitian Times. (2025, 19 novembre). *Cap-Haïtien lit up with joy as residents flooded the streets after Haiti defeated Nicaragua* [publication Instagram]. Instagram. https://www.instagram.com/p/DROe_rjlceX/

The New York Times. (2022). *The Ransom : Les milliards perdus d'Haïti.* https://www.nytimes.com/interactive/2022/05/20/world/americas/haiti-debt-france.html

Trouillot, M.-R. (1995). *Silencing the past: Power and the production of history*. Beacon Press.

Zondervan. (2011). *Holy Bible: New International Version.* BibleGateway. https://www.biblegateway.com

Note au lecteur

Ce livre s'accompagne d'un guide pratique conçu pour transformer la réflexion en action. Il vise à soutenir les individus, les communautés et les leaders dans la mise en œuvre concrète des principes présentés dans cet ouvrage.

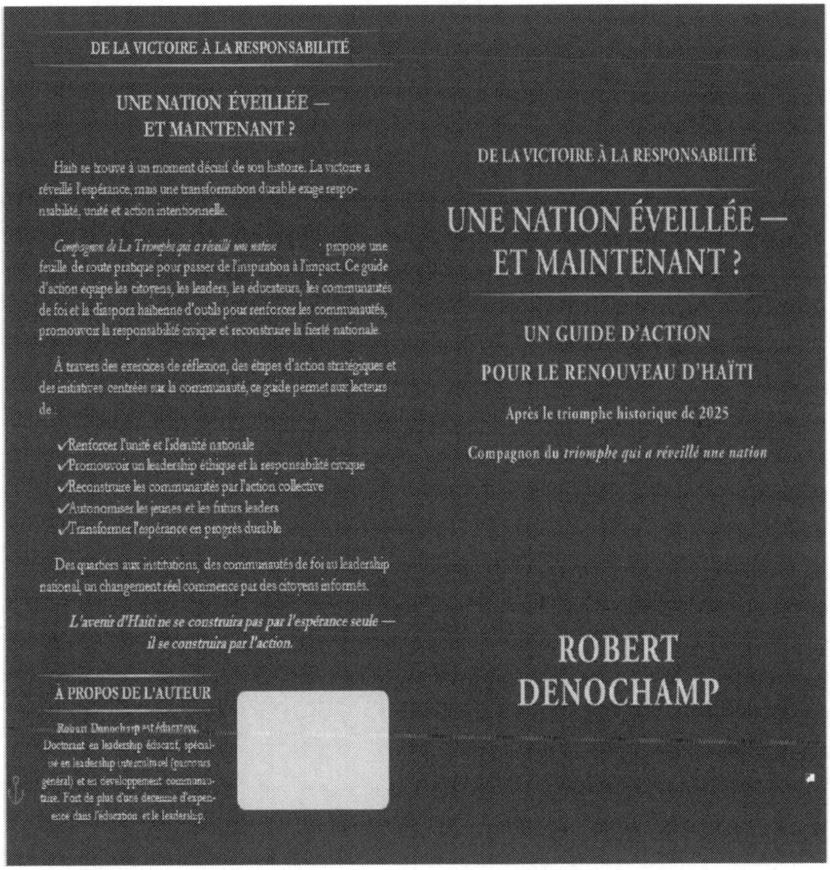

Made in the USA
Coppell, TX
09 June 2026

79883571R00094